U0076603

序

　　近年來由於建築設備與專門設備廣泛的被應用在室內設計工程上，室內工程與建築結構的連續性更形重要，其綜合性的必要也大為增加，筆者深感作為一位室內設計工作者，毋論在設計或繪圖方面都應具備更廣泛的專業知識。

　　設計屬於內在的揮發，不具固定模式，而繪圖的方法與技巧則有規矩可循，一分精確的圖說包含以下幾個特性：

(1)有助於表達及溝通

(2)促進設計工作的專業化

(3)便於施工，提昇施工品質

(4)作為工程估價和驗收的依據

　　本書就以上所提特性，分由三方面編寫，從最根本之基礎訓練到完整的套圖繪製作有系統的介紹——

(1)基礎訓練

　　舉凡線條、工程字、圖面規範、圖面屬性均作充分解說。

(2)製圖實務

　　所提供三套完整套圖，以住宅、辦公室、大樓公共空間三種不同性質空間規劃作個案介紹。

(3)各類細部與圖例

　　以近百頁篇幅詳細介紹室內設計各種家具裝修造形之細部施工圖例，設計者可藉由這些圖例引發更多的巧思，同時，圖例亦能迅速提供多樣化的比較和參考。

　　筆者謹綜合近年來從事室內設計工作，關於製圖實務所見所聞及個人心得，希望提供給各位初學者以及從事此項工作者作為參考。

　　筆者更希望藉此書的出版，能促進室內設計工作者整體力量的發揮，在可以預見的將來，得以看到更多專業的創作，使室內設計的資訊充分交流，共同開發知識領域。

　　祝福每一位對室內設計有興趣的朋友都能在快樂中學習、成長。

編著者：彭維冠

學經歷：逢甲大學建築系畢業

　　　　明德家商室內設計科教師

　　　　設計公會鑑定甲級設計師

　　　　台中市設計公會學術委員

　　　　金鼎環境設計公司（現）

著　作：室內佈置概論（一）

　　　　室內佈置（二）

目　　錄

第一章　導論 …………………………… 1

1—1　室內設計之現況 ……………………… 2
1—2　室內設計製圖的意義 ………………… 3

第二章　製圖的基本規範與符號 ……………11

2—1　製圖的基本規範 …………………… 12
2—2　製圖符號與簡寫縮字 ……………… 15

第三章　室內設計製圖內容與屬性 …………25

3—1　圖學原理 …………………………… 26
3—2　室內設計實務製圖 ………………… 32
3-2-1　套圖目錄與工地現況圖 …………… 34
3-2-2　平面配置圖和地坪平面圖 ………… 36
3-2-3　平頂(天花)詳圖 …………………… 44
3-2-4　燈具電器配線圖 …………………… 52
3-2-5　給排水及空調工程 ………………… 58
3-2-6　家具及內裝施工詳圖 ……………… 60
3-2-7　透視圖 …………………………… 64
3-2-8　材料及色彩計劃 …………………… 66
3-2-9　其他 ……………………………… 68

第四章　基本訓練與表現技法 ……………70

4—1　線條 ………………………………… 72
4-1-1　線條的表現方式 …………………… 72
4-1-2　線條的種類 ………………………… 74
4-1-3　線條的運用 ………………………… 74

4-1-4 線條粗細層次…………………76
4-1-5 線條繪製方法…………………76
4-1-6 線條的組合……………………77
4-1-7 出線頭畫法……………………78
4-1-8 徒手畫…………………………80
4-2 工程註字…………………………82
4-2-1 中文字…………………………83
4-2-2 英文字與阿拉伯數字…………86
4-3 比例尺的運用與尺寸單位換算…88
4-3-1 比例尺的運用…………………88
4-3-2 單位換算………………………88

第五章 實務製圖範例 ………………89
5-1 化粧品公司辦公室設計…………90
5-2 大樓公共空間設計………………110
5-3 住宅空間設計……………………140

第六章 細部與圖例 …………………181
6-1 入口立面、門窗、門扇…………183
6-2 地坪、踢腳板……………………190
6-3 壁面、隔間、端景………………194
6-4 平頂、照明形式…………………204
6-5 高矮櫥櫃、櫃檯…………………212
6-6 床組、化粧檯、化粧鏡…………250
6-7 拱門造形…………………………259
6-8 傳統建築入口、門窗裝修………264
6-9 設計圖、透視圖…………………271

第一章
導論

1-1 室內設計之現況
1-2 室內設計製圖的意義

第一章 導論

1—1 室內設計之現況

目前，台灣室內設計工作和建築裝修工程蓬勃發展是一個不爭的事實，在實際的案例中，我們發現從一間小臥室到一個大型「休閒廣場」，都曾有委託室內設計師精心設計者，究其原因，簡言之有以下幾項主要因素：

(1)台灣經濟快速發展，國民所得提昇，個人或家庭有足夠的經濟能力負擔這項消費。

(2)為追求生活上的方便以及更高的生活品質，另則由於室外生活環境品質的普遍低落，而轉向求取室內環境的提昇。

(3)由於科技進步，高品質的建材及家電產品不斷發展生產，因而刺激消費意願。

(4)一般住宅型式及販售情形，使得居住者在進住之前須裝修一番，室內居住空間才算完成。

(5)一般商業空間為突顯其特性或吸引顧客，不惜競相花費鉅資在裝修工程上。

室內設計工作和裝修工程雖然如此蓬勃，但一般大眾對於室內設計工作認知仍然不足，同時也未給予適當定位，而設計師本身對其作業範圍也未給予界定，舉凡室內設計裝修到室外景觀裝修多全程負責，形成一種特有現象。有不少業主從委託設計師設計到工程發包，由於作業流程不夠明確，因而紛爭迭起，這種現象不但無助於專業性及工程品質的提昇，反而使整個市場呈現紛雜的現象。

由於室內設計及裝修工程日益被重視，其工作範圍有不斷擴張之趨勢，工程範圍不但包括一般裝修工程，甚至包括了屬於建築的相關工程，如建築立面裝修、建築設備、水電管線工程、室外景觀等。基於社會普遍要求，設計工作範圍不斷擴張和工程費用不斷提昇等因素，吸引不少就業人口紛紛加入了這個行業，有些建築師事務所也兼從事室內設計工作，我們欣見這種蓬勃現象，更期待專業的提昇。

中國或西方的傳統建築，從規劃設計到工程完成，多由「建築師」一手策劃。傳統建築營造時，通常不會把建築結構體和裝修工程分開，係視為一個整體，因此建築空間更能表現出其獨特的風格。

《大英百科全書》解釋：「室內設計是建築的一個專門性分支」。若從這個角度來看，室內設計可說是整個建築設計的下游工作，以目前台灣一般建築設計工作而言，通常室內細部工程裝修、室內色彩、家具配置並無進一步之規劃，這些工作便交由室內設計師來處理。而從目前房屋販售及實質設計工作來看，建築和室內分別設計係屬必然，我們稱之兩階段性工作，一般非私宅或特定用途之建築，由於銷售對象的不確定，同時為保留彈性及考慮買主的差異觀念，使得建築設計和室內設計不適合一次完成，何況兩項工作作業繁複，若硬要把兩者合為一體，不但勉強且不切實際，分別處理反而是一種方便之道，但並不表示這種處理方式就沒有缺失，往往因室內工程施工必須改修部分建築結構或隔牆，致造成不便及浪費，權衡事實，室內設計實宜從建築設計中劃分出來，並成為一獨立科學，此乃時勢所趨；換言之室內設計是建築設計的延伸以補建築設計之不足，而建築設計是室內設計之根本，兩者可謂相輔相成。

1—2 室內設計製圖的意義

　　製圖是補捉及表達空間的媒介，由於點、線、面是三度空間與二度空間的共同要素，如何尋求最便捷有效的方法，將三度空間表現在二度平面空間，除了從學理方面不斷的推研析繁化簡理出系統外，並須不斷的發展各種製圖工具，並釐定有效的規矩符號求取精準而完善的表達效果；富有創意的設計理念須藉由精良的繪圖技法來表達。

　　製圖就像語言或文字一樣，為了便於溝通及傳達，遂創立了各種符號語彙和製圖原理及規範。其意義至少包括下列幾點：

(1)便於事先規劃與設計

　　設計工作考慮因素相當繁多，為了使作品更臻完美及預測其作品效果，事先的規劃及設計乃必然之過程。

(2)助於表達及溝通

　　設計師可以充分藉由圖說來表達其設計意念及構想，而製圖同時也是設計師與業主或設計師與施工者的最佳溝通工具。

(3)促進設計工作的專業化

　　設計師或繪圖者接受有關製圖的各種訓練，一般言之，可藉由製圖檢驗其專業能力，精良的製圖不但可促進設計的專業化，進一步則可提昇設計水準。

(4)便於施工，提昇施工品質

　　工程施工品質不夠精良，因素固然很多，而圖面的不完整或錯誤常會造成工時浪費或施工錯誤，要提昇施工品質或精密度，首先應提昇製圖的精密度和完整性，一分完整精良的圖說自然便於施工和提昇施工品質。

(5)可作為工程估價和驗收的依據

　　圖說的不完整常造成廠商估價的困難和業主驗收的不便。在施工工地常會聽到「按圖施工」和「口說無憑」這兩句話，因此完整精良的圖說便成為工程估價及驗收的最後依據，同時可減少廠商與業主之間的糾紛。

　　「室內設計師」在國家法律上並無特別之規定，加上其工作之性質，可說人人皆可為之。過去在台灣少有學校或專門機構培訓這方面的專業人員，到近年來始有大學及商職設立了室內設計專門科系。目前從事這項工作者，學歷背景不盡相同，在專業製圖方面，常用各自的方式表達，技法雖各有特色，卻缺乏統一之模式，易造成施工與識圖上的困擾，一般言之，製圖原理殆不至於引起爭議，但在符號及語彙表達方面卻顯得雜亂，加上工程的繁複，製圖時牽涉到各種符號及語彙的表達，如建築結構、水電管線、燈具符號、家具大樣等，實有統一之必要，筆者以為，若其他相關工程已建立之系統應延用，以便溝通，實不宜再創新符號徒增困擾。

辦公室空間設計

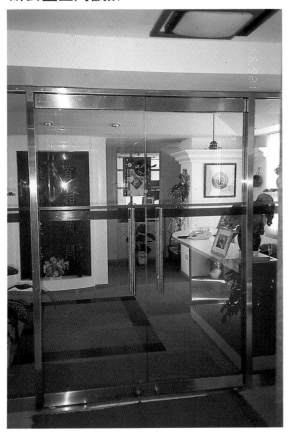

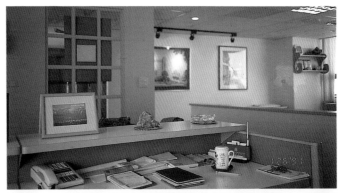

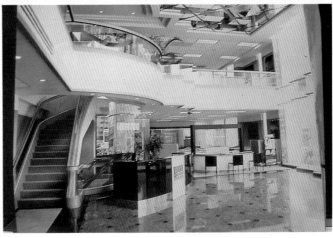

飯店、餐飲空間設計

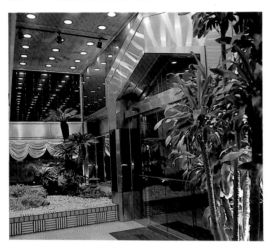

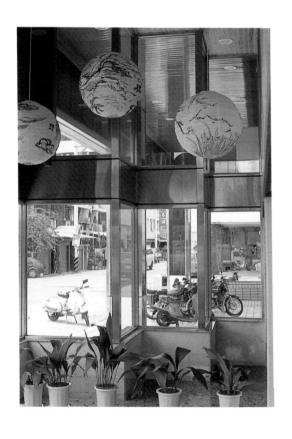

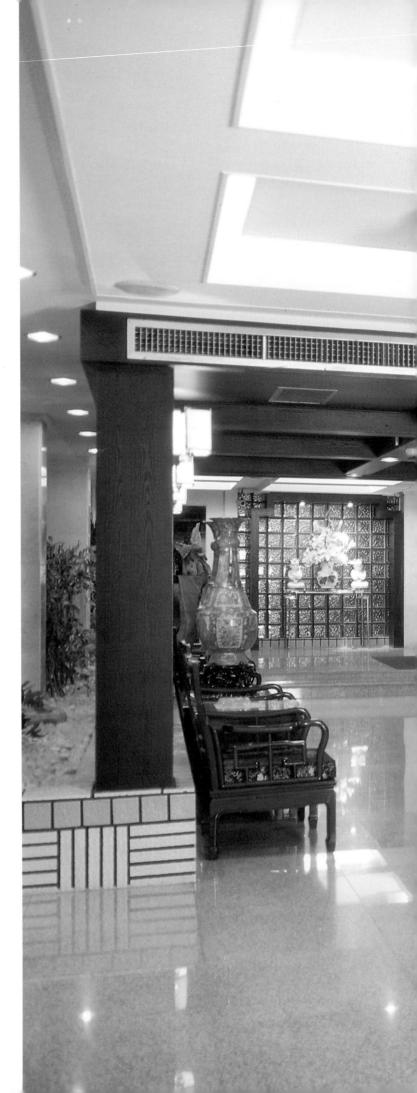

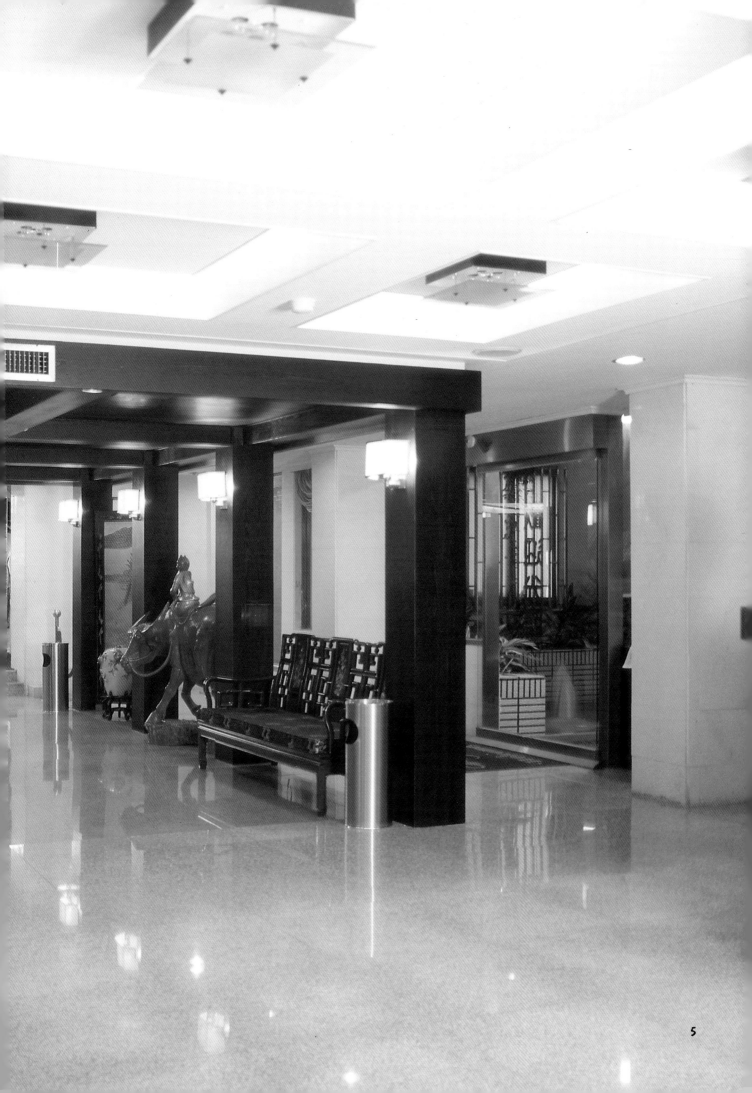

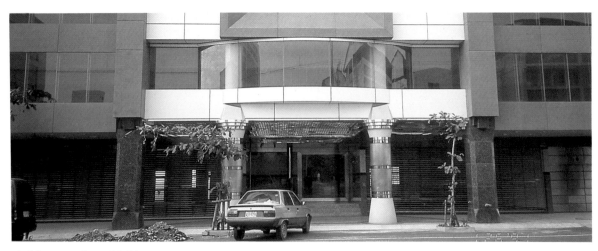

大樓公共空間設計

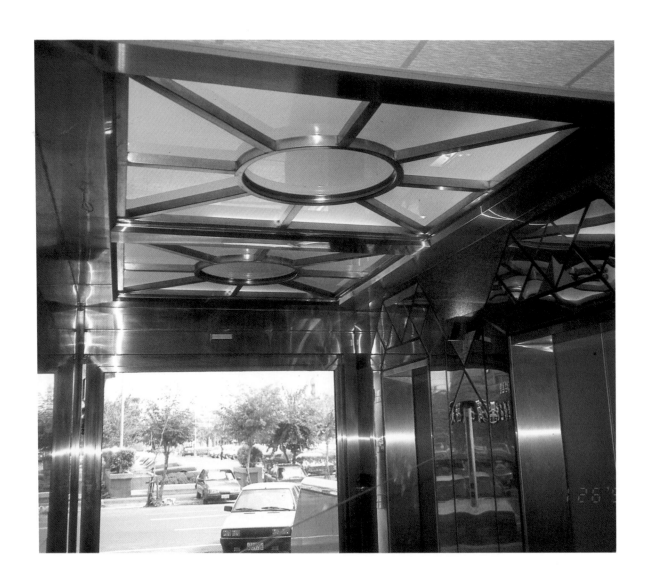

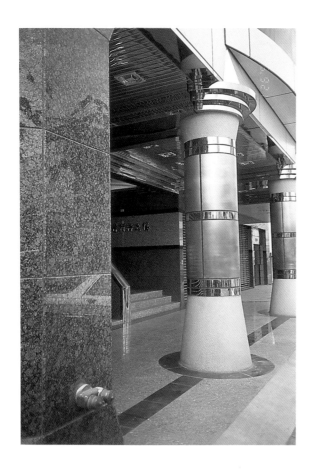

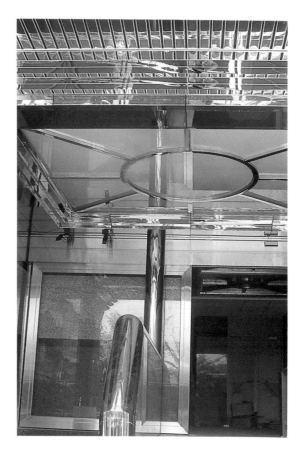

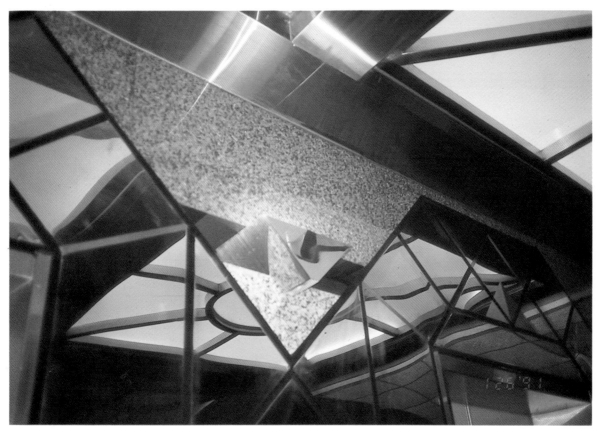

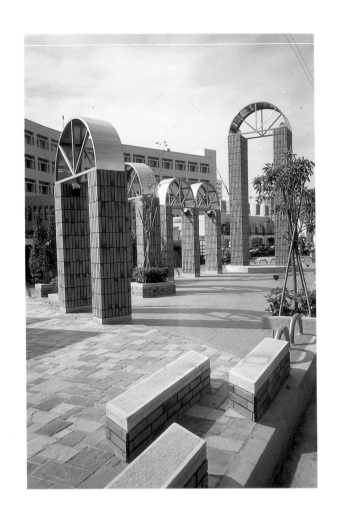

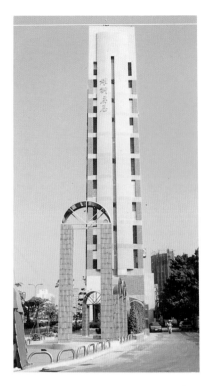

大樓公共空間景觀設計

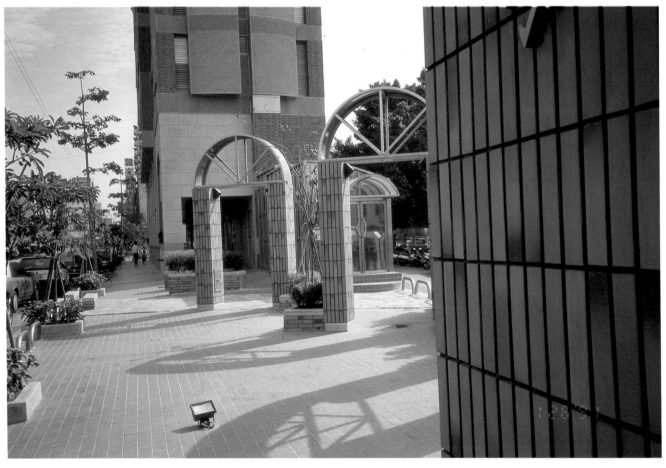

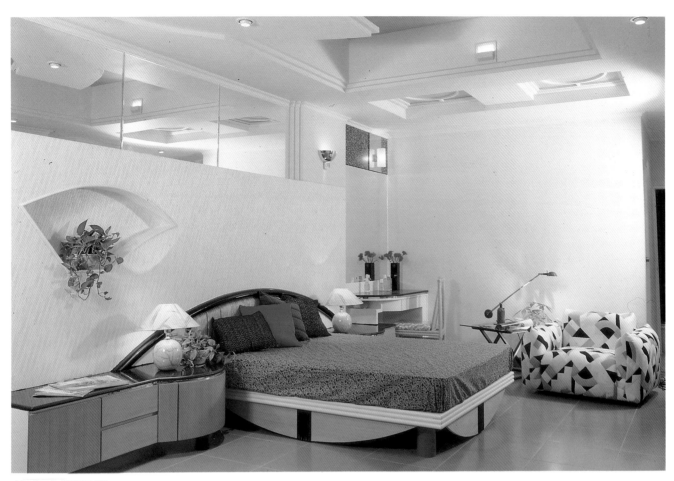

住宅空間設計

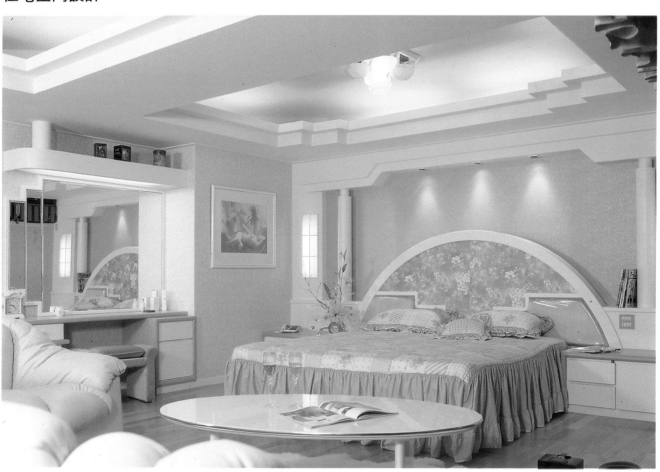

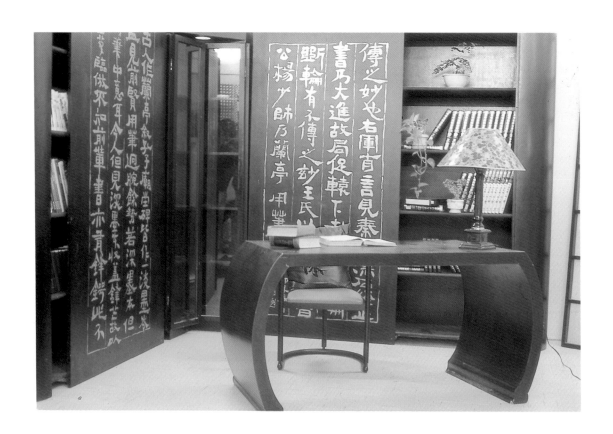

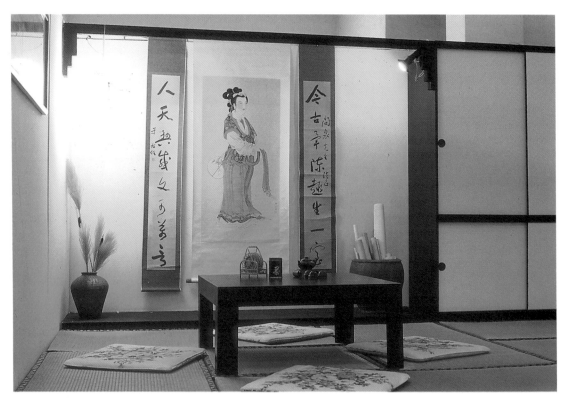

住宅空間設計

第二章
製圖的基本規範
與符號

2-1 製圖的基本規範

2-2 符號與縮字

．建築平面符號

．家具平面符號

．電工習用符號

．建材剖面符號

．建材表面符號

．室外景觀符號

．圖面指示符號

．門扇指示符號

．縮字符號

第二章 製圖的基本規範與符號

2－1製圖的基本規範

　　各種工程製圖各有不同的規範,如建築物工程施工之前,設計圖須事先經政府單位審核,俟建築執照核發後,始能營建,至於送審圖面則由相關建築法規規範,而室內設計工程並無法律上的規範,因此室內設計製圖通常以個案實際作業需要為準,至於須繪製何種圖面或多少圖面,自然因個案而有所不同。一般工程施工時,施工圖是不能或缺的,圖面宜以精簡正確為佳,但無法充分表達時,則須增加圖說,或許一個櫃子須要好幾個剖面圖說才算完整,為了使整套設計圖及施工圖充分而完整,除了繪圖技巧之外,製圖的基本規範也不能忽略。目前室內設計製圖系統雖未完備,並且缺乏具有效力的明文規範,但以目前實務作業而言,仍不難理出一些系統。

　　製圖為了藍曬,通常採用採圖紙,紙張大小常見的有A1(菊全開)842×594、A2(菊對開)421×594、A3(菊4開)421×297,單位為㎜。

　　圖紙為了便於紀錄查閱及檔歸,製圖時須填寫有關資料,有些公司為了作業上需要大都有各自填寫方式,如圖(2－1－1)一般言之圖紙應具備以下之基本資料:

(1)公司名稱:如某某室內設計公司,地址、電話。
(2)工程名稱:該項工程的總名稱,如陳公館住宅室內設計。
(3)工程內容:該張圖紙上所繪細部工程名稱,如主臥室衣厨詳圖。
(4)設計者:繪圖者、核對、核准、比例。
(5)修正、說明:一般圖面多以鉛筆繪之,若須修改,在原圖上修改即可,修改時應加以說明。
(6)圖號:該張圖紙所繪圖面之編號。編號依順序可用阿拉伯數字或英文字,惟一般習慣剖面圖(Section)以S作為代號,大樣圖(Detail)以D作為代號。如 ⊘ 表示第一個剖面圖上之第二個細部大樣圖。通常立面圖圖號標示在剖面圖或立面圖上。(圖2－1－2)
(7)張號:一般以5/40表示該項工程共有40張圖,此乃其中的第5張。
(8)業務號:為便於歸檔各公司有其各自的業務編號,如790502表示79年5月的第二個案子。

公司名稱	工　程　名　稱	工　程　內　容	修　正	日　期	說　　　明

日　期	說　　明	核　準	繪　圖	設　計	比例尺	業主認可	圖號	張號	備　　　註
		核　對	核　准	日　期				業務號	

圖2－1－1

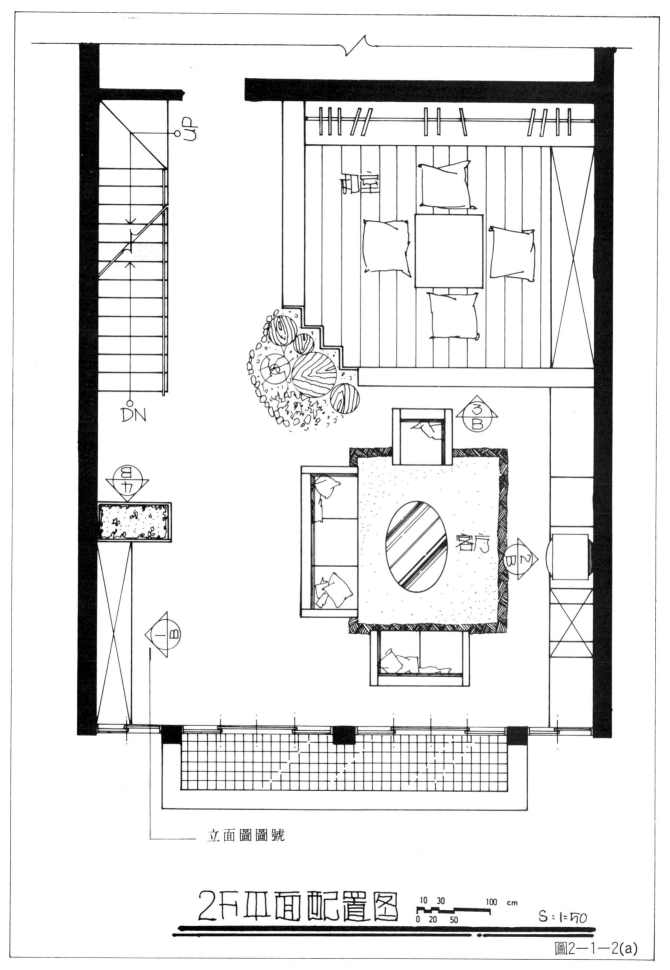

立面圖圖號

2F平面配置圖   S：1:50

圖2-1-2(a)

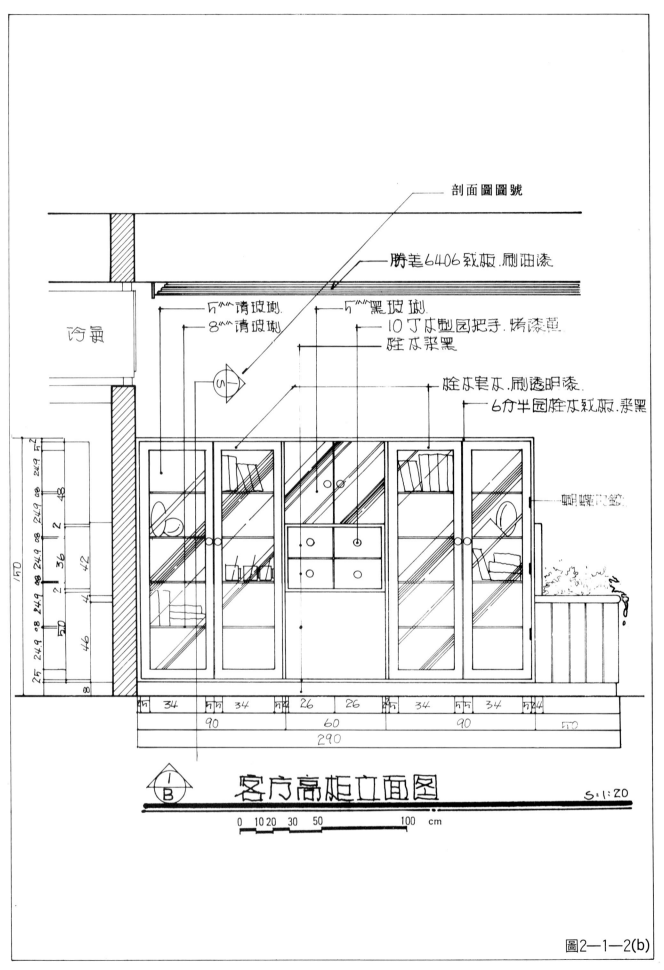

剖面圖圖號

勝美6406鈦板.刷油漆

5″″清玻璃
8″″清玻璃

5″″黑玻璃

10丁水型园把手.烤漆單
桃木染黑

桃木實木.刷透明漆.

6分半园桃木鈦板.染黑

陰角

蝴蝶内錠

客方高柜立面图

圖2—1—2(b)

S:1:20

0 10 20 30 50   100 cm

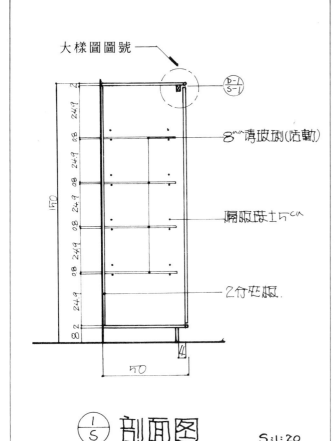

大樣圖圖號

8㎜清玻璃(活動)

隔板厚1.5㎝

2分夾板

$\frac{1}{S}$ 剖面圖

S:1:20

0 10 20 30 50   100 cm

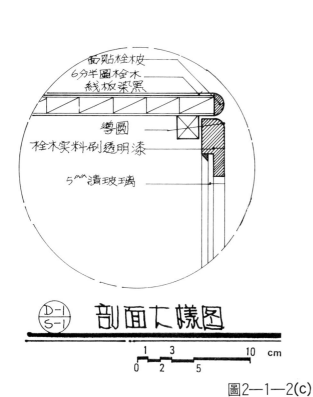

面貼桂板

6分半圓桂木
線板染黑

導圓

桂木实料刷透明漆

5㎜清玻璃

$\frac{D-1}{S-1}$ 剖面大樣圖

1 3   10 cm
0 2 5

圖2—1—2(c)

2—2 製圖符號與簡寫縮字

　　各種工程製圖項目繁多，爲便於設計繪圖、工程施工和資料保存等需要，因此將各種材料、結構、電路配線等以不同的簡單符號或簡寫縮字表達其意義，以便省去許多文字的說明而達到方便、省時、易懂等優點。一般設定製圖符號大致可歸納出以下幾項原則：

(1)一般多依據平行投影原理，忠實表達其形狀。如：植栽、桌椅。

(2)取其結構與特性，易於意會或聯想。如：挿座、燈具、六分木心板。

(3)儘量簡化，以便於製圖。如：高櫃、雙人床。

(4)取其質感。如：洗石子、金屬、木材。由於有些材料質感相近，爲便於分辨宜另附加註字說明。

(5)符號與縮字並用。由於各種新產品不斷推出，沒有適當的代表符號，但有些符號具有共通性，可以在相同符號上加註字說明，如冰箱專用挿座、屋外防水用挿座、吸頂燈、矮腳燈。

(6)避免重複便於辨識。一般符號多能辨識，但有些相同符號在不同的工程製圖代表不同的意義，如可以表示高櫃、角材、中空部分和電力分電盤等。

(7)力求系統化和標準化。事實上，在國內外各行各家所採行的符號並非完全統一或符合標準化，因此製圖時，如有必要應另製表說明。

　　目前，國內在室內設計製圖方面，如導論裡所述，因未建立完整的符號系統及製圖規範，部分從業人員又喜獨創一格，因此顯得紛亂，莫衷一是，爲減少製圖及讀圖之困擾，我們建議由學術單位及民間團體，共同制定一套常用、標準化之製圖符號，以便統一使用。

　　符號繪製之方法，一般多直接以製圖工具繪製，另則可使用家具板、符號板、字規或各種印章、樹章，方便又省時，但這些規板有固定之尺寸，而且比例種類並不齊全，使用時應特別注意。製圖符號會受到比例縮尺的限制而有不同詳細程度的表達方式。以下圖表中所列之各種符號及縮字，均係蒐集自各種有關書籍，這些書籍所列之符號並非完全相同，筆者僅加以整理以供參考。

（1）建築平面符號

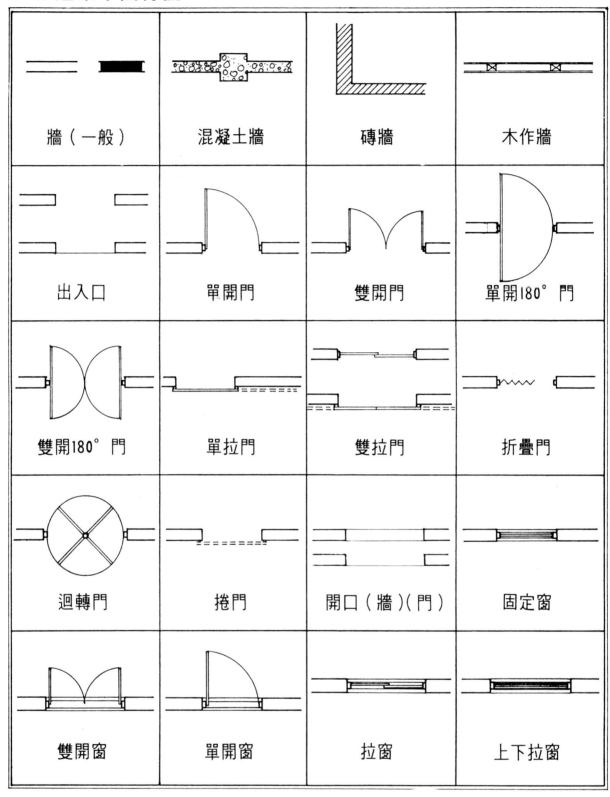

牆（一般）	混凝土牆	磚牆	木作牆
出入口	單開門	雙開門	單開180°門
雙開180°門	單拉門	雙拉門	折疊門
迴轉門	捲門	開口（牆）(門)	固定窗
雙開窗	單開窗	拉窗	上下拉窗

（2）家具平面符號

椅子	
沙發	
茶几	
書桌	
衣櫃	
高櫃	矮櫃
雙人床	
單人床	
洗手槽（物）	
馬桶	下身盆
小便器	
浴槽	
冰箱	
瓦斯爐	

（3）電工習用符號

開 關		ⓑ	電鈴
S ·	手按開關（一般單極）	**燈 具 出 線 口**	
Sa ·a	手按開關（控制a燈具）	⊖ ◯	日光燈
Sp　p	拉線開關	◉ CL	吸頂日光燈
··	按鈴開關	◉	嵌入型日光燈
插 座		Ⓟ	吊管燈
⊖ ⊙	一般插座	Ⓒ	鏈吊燈
⊗	接地型插座（三極）冷氣插座	Ⓢ	立燈
⊖R	電爐插座	Ⓡ	矮腳燈、檯燈
⊖S	附開關插座	◉ CL	吸頂燈
⊖wp	防水插座（屋外用）	◉	嵌燈
⊖WH	電熱水器專用插座	⊗	筒燈
⊖F	風扇專用插座	⊗ ◖	投射燈
⊖CW	洗衣機專用插座	◯⊢ ◖	壁燈
⊖REF	冰箱專用插座	⊗	出口燈（安全燈）
⊖E	抽油煙機專用插座	**導 線**	
⊕EI	防爆插座	————	電路埋設於混凝土天花板或牆內
出 線 口		— — — —	電路埋設於地面或混凝土地板內
Ⓙ	接線盒	- - - - - -	露裝之明管
⊙	地板出線口	→///→A-1　分電路編號	
Ⓣⓥ	電視天線	↑ 表示導線數	
Ⓣ	電話	⤴	管線向上裝設
Ⓢⓟ	擴音器	⤸	管線向下裝設
Ⓜⓘⓒ	麥克風	⤢	管線向上及向下裝設
Ⓘⓒ	對講機	—◯	管線向上裝設
Ⓕ ∞	風扇	—●	管線向下裝設
▲WH	電熱水器	—T—	電話線管
▲CW	洗衣機	—TV—	電視天線線管
▲REF	冰箱	—SP—	擴音系統電路

—F—	火警系統電路	MOF	套裝電度表
其	他	GM	瓦斯錶
	電力總開關	WM	水錶
	電力分電盤	A/C	窗型冷氣
	燈用配電盤		電鈴
	燈用分電盤		避雷針
	燈用分電盤	S	偵煙式火警感應器
	電話端子盤箱		定溫
	電話總機		差動
	接戶線		電視共同天線
KWH	電度表		

（4）給排水習用符號

	接頭		閘門閥
	肘形彎管		浮球閥
	45°肘形彎管		球形閥
	三通管		止回閥（單向閥）
	45°三通管		水龍頭
	肘形彎管向上		冷給水
	三通向下		熱給水
	三通向上		排水管
	肘形彎管向下		通氣管

（5）建材剖面符號

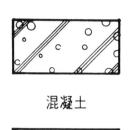
混凝土

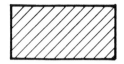
紅磚

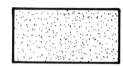
水泥砂漿

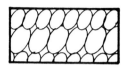
卵石

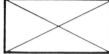
木材斷面（角材）

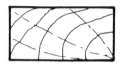
木材斷面

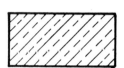
木材斷面（細木）

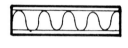
蜂巢板

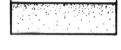
砂

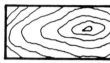
泥土

岩石

線板

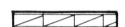
夾板

6分木心板

（6）建材表面符號

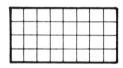
磁磚、面磚

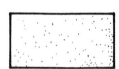
洗石子

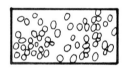
卵石

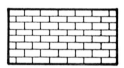
砌磚

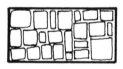
砌石板

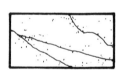
石材

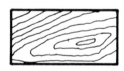
木材

玻璃（鏡面）

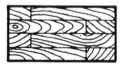
木地板

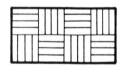
拼花木地板

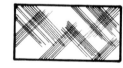
金屬板

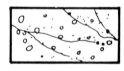
磨石子

（7）室外景觀符號

針葉樹	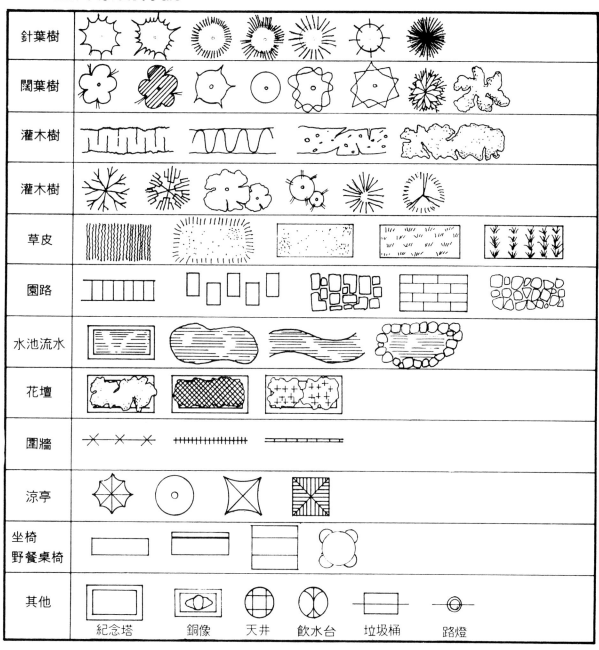
闊葉樹	
灌木樹	
灌木樹	
草皮	
園路	
水池流水	
花壇	
圍牆	
涼亭	
坐椅 野餐桌椅	
其他	紀念塔　銅像　天井　飲水台　垃圾桶　路燈

（8）圖面指示符號

符號	說明	符號	說明
▲	入口	A—A'	表示依 A－A 向之展開圖
⑤/20	張號	◕	地板高程
⑤/A	圖號	#	規格、型號
①/S	剖面圖圖號	φ	直徑
③/D	大樣圖圖號	@	固定間距
D◇B (A上 C下)	立面圖方向及順序（順時鐘）	N↑	指北針
		₵	中心線
A↑	圖面展開方向及圖號	S	剖面圖代號
②/A	圖面展開方向及圖號	D	大樣圖代號

（9）門扇開啟指示符號

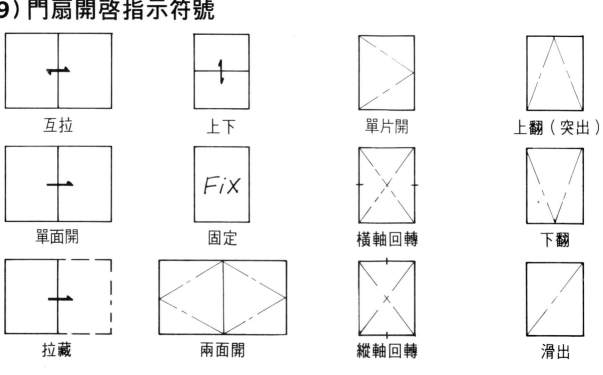

互拉　上下　單片開　上翻（突出）

單面開　固定 Fix　橫軸回轉　下翻

拉藏　兩面開　縱軸回轉　滑出

(10) 縮字符號

R.C	鋼筋混凝土	LB	玄關	D	門	d	直徑
P.C	混凝土	L	起居室	W	窗	r	半徑
T	桁架	D	餐廳	S.D	鋼門	W	寬度
G	木樑	K	廚房	S.W	鋼窗	L	長度
B	小樑	B	臥室	A.D	鋁門	H	高度
C	柱子	MB	主臥室	A.W	鋁窗	D	深度
FL	地坪	Ba	浴室	W.D	木製門	t	厚度
S	樓版	REF	冰箱	W.W	木製窗	CH	天花板高度
1F	一樓	TV	電視	E	東向	H.L	水平線
2F	二樓	T	電話	W	西向	V.L	垂直線
RF	頂樓	WH	電熱水器	S	南向	G.L	地平線
		GH	瓦斯熱水器	N	北向		
		CW	洗衣機				
		ELV	電梯				

第三章
室內設計製圖內容
與屬性

3-1 圖學原理

3-2 室內設計實務製圖

3-2-1 套圖目錄與工地現況圖

3-2-2 平面配置圖與地坪平面圖

3-2-3 平頂詳圖

3-2-4 燈具電器配線圖

3-2-5 給排水與空調工程

3-2-6 家具與內裝施工詳圖

3-2-7 透視圖

3-2-8 材料與色彩計劃

3-2-9 其他

第三章 室內設計製圖內容與屬性

目前，國內室內設計工程在實務作業方面，由於整體設計觀念及工程施工相互搭配作業逐漸被接受，室內設計除了最基本的室內裝修工程之外，舉凡建築外觀裝修，室內建築設備，甚至廣告招牌，亦有委託室內設計師作整體設計者。因此，圖說內容及項目不但增加而且更趨專業化。本章所要探討的就是室內設計及其相關工程的圖說內容及屬性，在相關工程方面一般多具有高度專業性，須有這方面的專業人才參與，其圖說探討著重於基本的識圖，至於室內設計圖說則從圖學原理及實務製圖作業兩個方向探討，茲分述於後：

3－1 圖學原理

基本的圖學原理，市面上有很多專書探討。基本的圖學原理分為消失點透視投影法和平行線投影法兩種。消失點透視投影法分為一點、二點、三點，一般常用有一點和二點。平行線投影法則分為正投影、軸測投影和斜投影三種，其中軸測投影和斜投影又稱為立體投影，而一般工程製圖最常利用的就是正投影法，平面圖、立面圖和剖面圖皆屬之。本書僅就這個部分以室內設計製圖觀點進一步詳述：

(1)平面圖

平面圖即俯視(下視)之正投影圖，其意義有：

(a)自建築物或家具設施外部俯視之正投影圖；亦即其外圍輪廓俯視之正投影圖。如圖(3-1-1)

(b)建築取其特定之樓層或家具設施取其適當之位置，水平切割面俯視之正投影圖，切割面係一剖面，其意義有如蛋羹經刀子水平切割後，把蛋羹上層部分取走所看到下層蛋羹的表面。建築平面圖切割面高度以人之視點高為準，但有時為了包含更多資料，如高窗、樓梯下方之衛浴空間其高度可適度調整，一般慣稱垂直切割面平視之正投影圖為剖面圖，而水平切割面俯視之正投影圖稱為平面圖，或可稱為橫剖面圖(圖3-1-2)

(2)立面圖

立面圖即自外部平視之正投影圖，平視方向有正視(前視)、背視、右側視、左側視，建築物立面圖可用方位(東向、東南向…)標示，一般室內則展開為四個立面圖。(圖3－1－3)

(3)剖面圖

剖面圖就是垂直切割面平視之正投影圖，有如蛋羹經刀子垂直方向切割後，其切割面平視之正投影圖，換個說法就是切割面的立面圖，切割位置視需要而定，同一切割面可以多端曲折俾能包含較多資料。切割線應在平面圖或立面圖標示清楚。

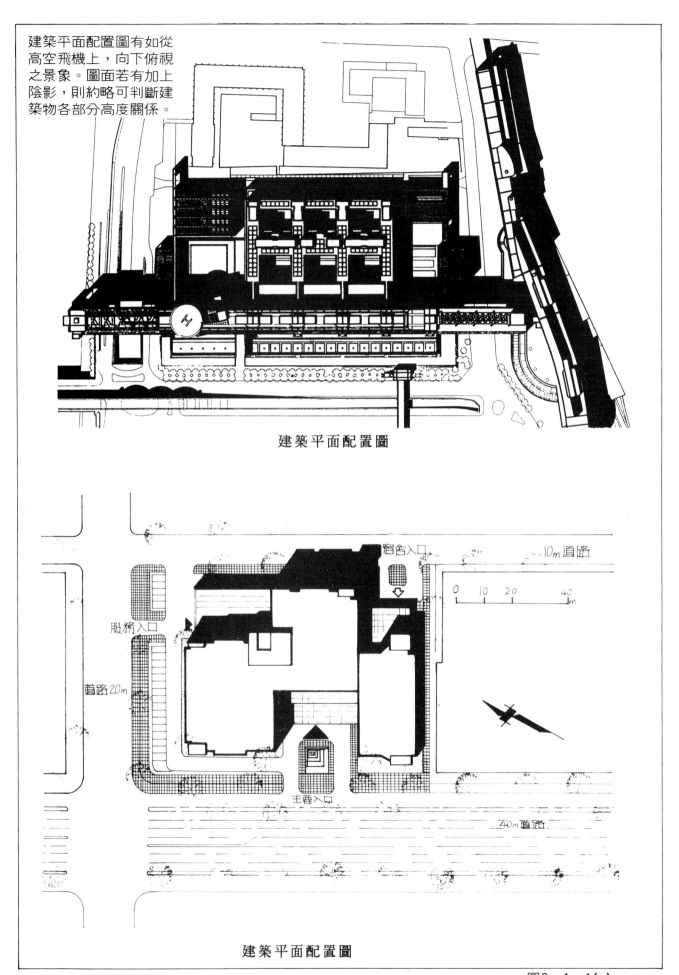

建築平面配置圖有如從高空飛機上，向下俯視之景象。圖面若有加上陰影，則約略可判斷建築物各部分高度關係。

建築平面配置圖

宿舍入口

10m道路

服務入口

0 10 20 40 m

道路20m

主要入口

40m道路

建築平面配置圖

圖3—1—1(a)

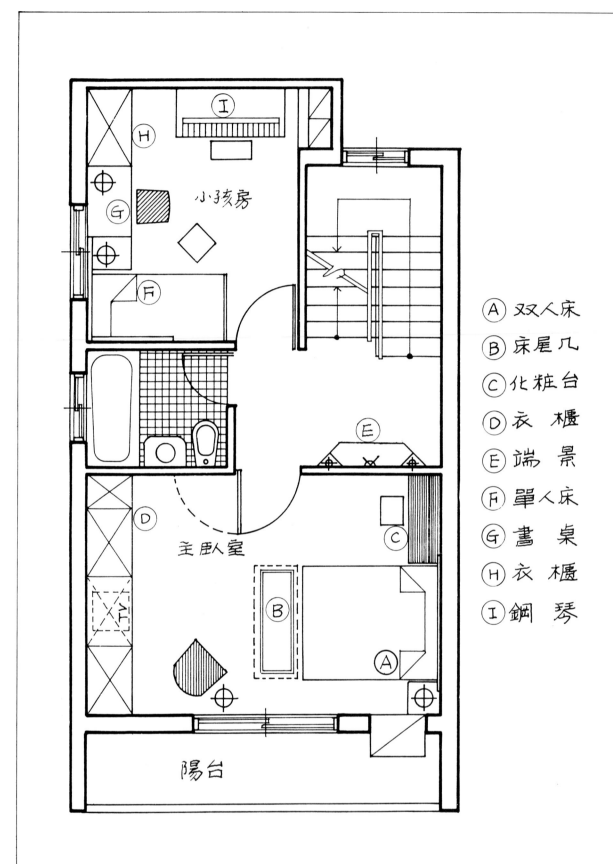

小孩房

主臥室

陽台

Ⓐ 双人床
Ⓑ 床尾几
Ⓒ 化粧台
Ⓓ 衣　櫃
Ⓔ 端　景
Ⓕ 單人床
Ⓖ 書　桌
Ⓗ 衣　櫃
Ⓘ 鋼　琴

家具平面配置圖

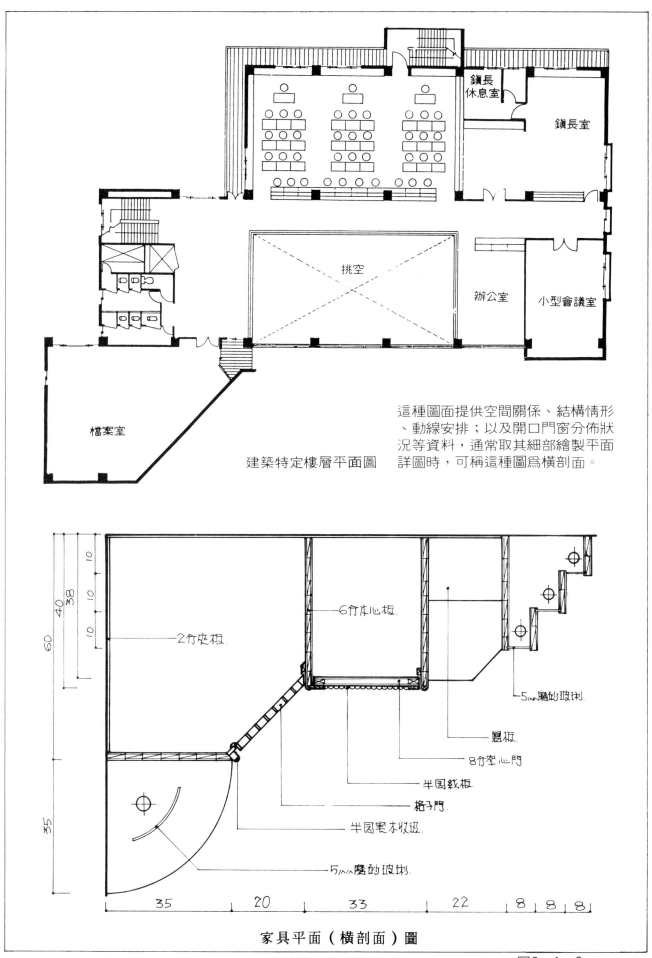

挑空

鎮長
休息室

鎮長室

辦公室

小型會議室

檔案室

建築特定樓層平面圖

這種圖面提供空間關係、結構情形、動線安排；以及開口門窗分佈狀況等資料，通常取其細部繪製平面詳圖時，可稱這種圖為橫剖面。

2分夾板.

6分木心板.

5mm磨砂玻璃.

腰板

8分空心門

半圓線板.

格子門

半圓實木收邊

5mm磨砂玻璃.

家具平面（橫剖面）圖

圖3—1—2　　29

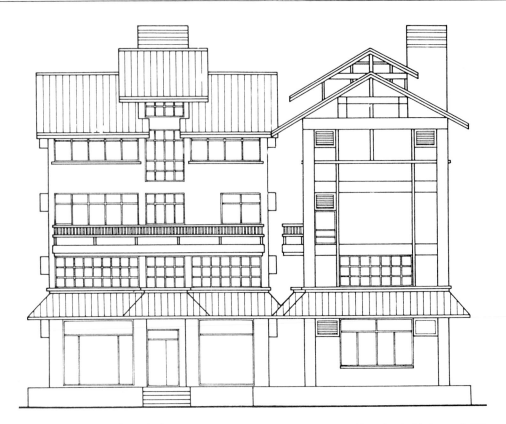

建築立面（南向）

建築立面圖，若能加上陰影一方面
可使圖面更生動，另則更具立體效
果。

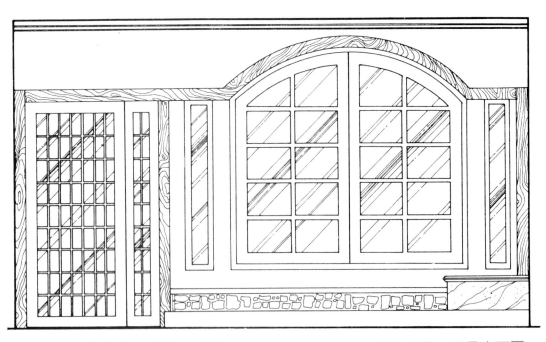

裝修（家具）立面圖

室內裝修＆家具立面圖
，可提供裝修立面與家
具高度關係。若能簡繪
其平面圖則其平面立面
關係將更清楚，這種圖
面和建築立面圖其意義
可謂相同。

圖3—1—3

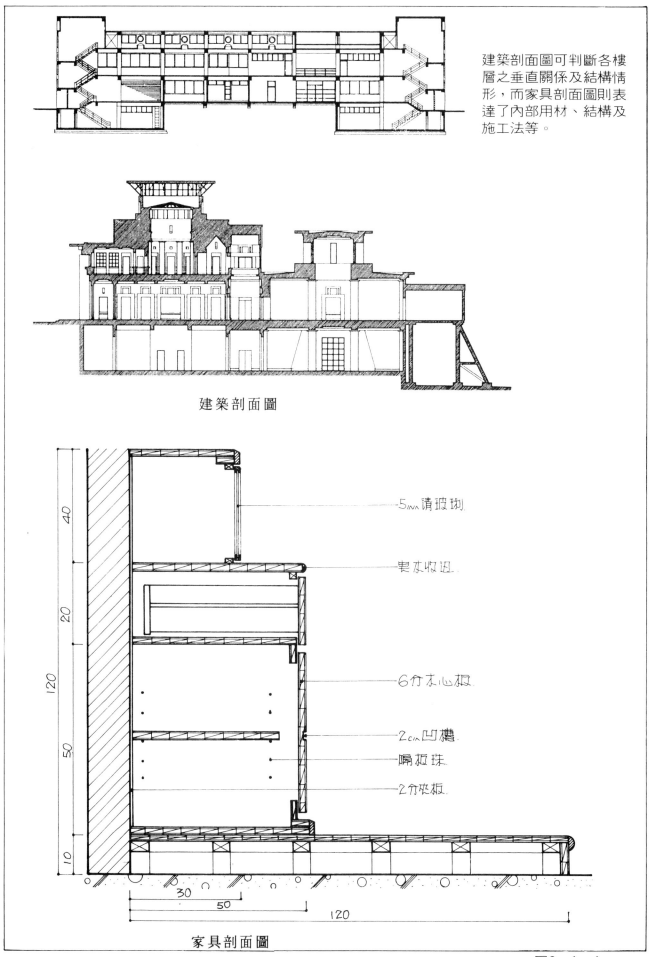

建築剖面圖可判斷各樓層之垂直關係及結構情形，而家具剖面圖則表達了內部用材、結構及施工法等。

建築剖面圖

5m/m請玻璃

實木收迎

6分木心板

2cm凹槽

隔板珠

2分夾板

40

20

120

50

10

30

50

120

家具剖面圖

圖3—1—4　　31

3—2 室內設計實務製圖

室內設計雖因個案設計內容不盡相同，就其作業而言則有一定之流程，一般案子，當業主與設計師達成設計費用、付款方式、設計時限等有關事宜之協調後，設計師便著手進行設計工作，設計師通常以簡易設計圖與業主溝通討論並加以修改，當設計定案後，始繪製詳細之施工圖，一般人對所謂設計圖和施工圖多所疑問，事實上室內設計之設計圖和施工圖的分別並不像建築設計這麼明顯。在此特將「設計圖」與「施工圖」作一說明：

「設計圖」廣義的解釋：凡以製圖器具或其他適當方式，表達三度空間構思於二度平面上的各種製圖，換個說法，凡各種工程設計所需的各種正式圖說(包括施工圖)都可稱為「設計圖」。但一般設計者在設計過程中為了不斷構思及修正，或便於和業主溝通討論，依設計構想、空間造形、各單元之比例關係和整體之視覺效果繪製圖說，在這個階段設計者可能還未考慮到細部材料、構造和尺寸，這種圖說，我們稱之為「設計圖」，這種「設計圖」有別於「施工圖」，「施工圖」係針對工程施工需要所繪製之精細圖說，圖面上須詳實標明各部分構造、材料、尺寸、色彩和施工法等，通常在「設計圖」定案後始繪製「施工圖」。

就室內設計實務作業中，部分設備和特殊工程設計恐非室內設計師所能獨立完成，通常需要相關專業人員的參與和配合，在這個章節，僅就一般住宅室內設計可能牽涉的範圍探討其圖說內容，並列出特別之注意事項分別敘述之：

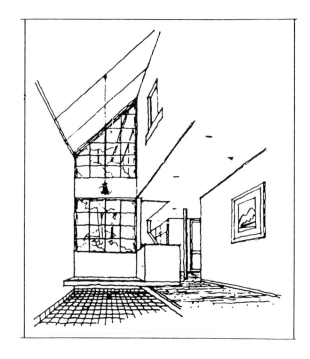

設計圖（透視示意）

● 建築設計之「設計圖」「結構圖」及「施工圖」通常是分別繪製，可清楚分辨。

● 在設計過程中，主要考量其平面立面、、及三度之關係，這種關係包括造形、動線、機能、量體、美學比例，整體視覺及特殊效果等，因此在未決定用材和細部尺寸結構，在這個階段的圖面都可稱為「設計圖」。

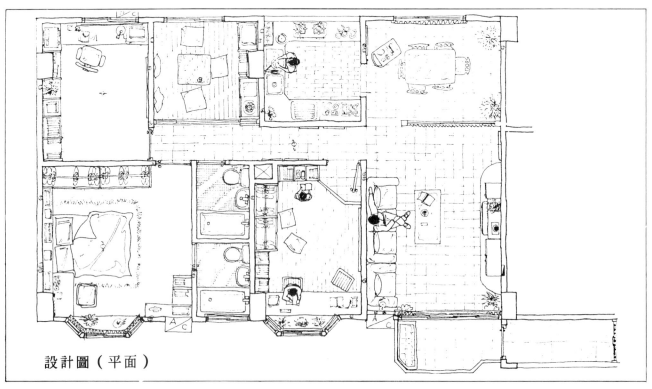

設計圖（平面）

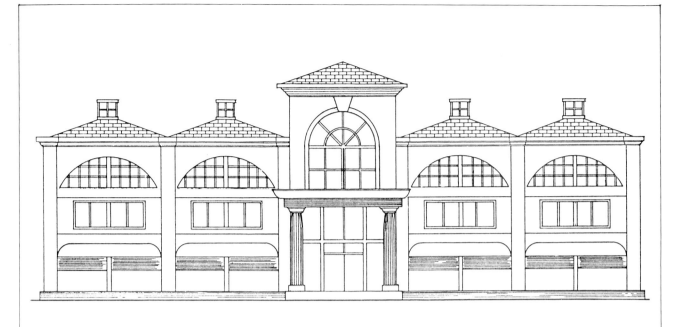

建築立面

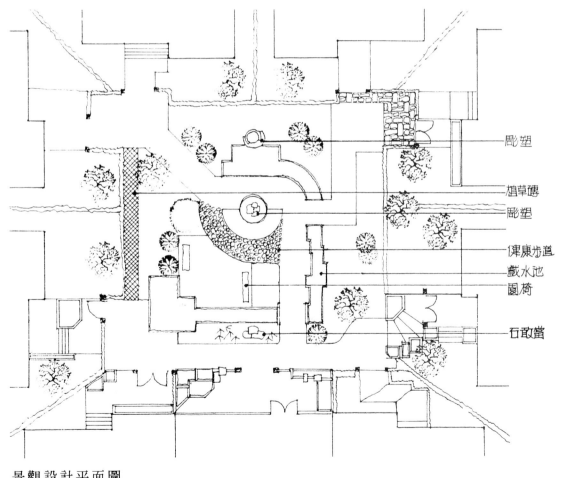

彫塑

植草磚

彫塑

健康步道

戲水池

園椅

石取當

景觀設計平面圖

3—2—1 套圖目錄與工地現況圖

(1)套圖目錄表或明細表

　一分完整的設計和施工圖說，習稱套圖，當圖面數量多時，為便於查閱和存檔，應繪製其目錄表。目錄表資料應包括每張圖面之張號、圖號、工程內容等項目，其形式可依個別需要而定。(圖3-2-1)

(2)工地現況圖

　一般建築室內空間可區分為已使用和尚未使用兩種，設計之初，應先進行工地丈量取得細部尺寸、材料後繪製工地現況圖(圖3-2-2)。

　若能取得原建築設計圖，也應先與現地核對無誤後，始能進行規劃設計，工地現況圖應載明所有相關尺寸和資料，並特別注意漏量、誤記、看錯和字跡潦草等事宜。

張　號	樓層	圖　號	工　　　程　　　內　　　容
斗六劉公館設計案　施工圖明細表 業務編號：A890202			
1/18	1		一樓平面圖及庭園景觀配置圖
2/18	2.3		二、三樓平面配置圖
3/18	1		一樓平頂反射及水電圖
4/18	2.3		二、三樓平頂反射及水電圖
5/18	1	1-8/A	玄關高櫃及端景詳圖
6/18	1	9-10/A	客廳高櫃平台詳圖
7/18	1	1.2/B	客廳電視櫃詳圖
8/18	1	3-5/B	客廳隔屏及高櫃詳圖
9/18	1	6-9/B	琴房矮櫃及廚房高櫃詳圖
10/18	1	1-3/C	餐廳高櫃及早餐檯詳圖
11/18	2	1-4/D	客房床組及衣廚詳圖
12/18	2	5-7/D	客房書桌、矮櫃及書架詳圖
13/18	2	1.2/E	主臥室床組、化粧台及衣廚詳圖
14/18	2	3-6/E	主臥室衣廚、書桌及書架詳圖
15/18	2.3	7.8/E	主臥室衣廚及書房屏風矮櫃隔屏詳圖
		1-3/F	
16/18	3	4-8/F	書房書桌、書架、神明廳罩門詳圖
17/18	1	1.2/G	書房隔屏及電視櫃詳圖
		2.3/F	
18/18		1/I	庭園圍牆正立面圖

圖3—2—1

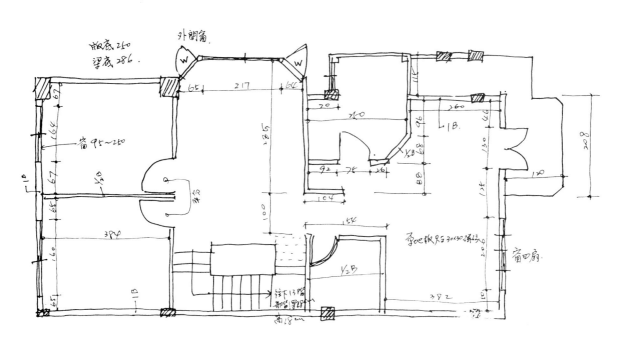

工地測繪現況圖

工地現況圖須詳實的測量其各個細部尺寸，由於室內尺度小，不能隨意忽略各個尺寸，如果必要宜另加立面圖、剖面圖或透視圖輔助表達。

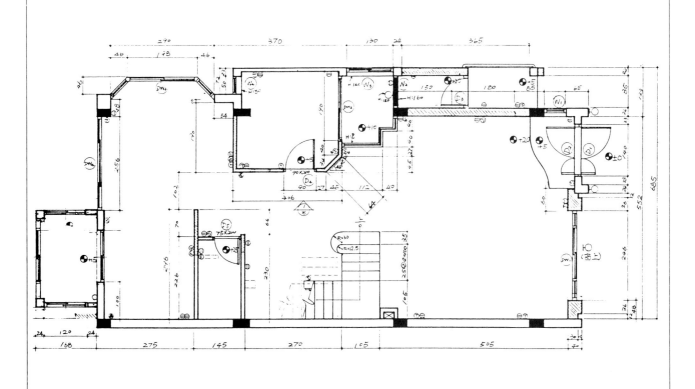

1樓增建平面圖 S：1/50（cm）

工地現況圖（依比例繪製）

圖3—2—2　　35

3—2—2 平面配置圖和地坪平面圖

　　建築設計所稱的平面配置圖係指建築物在建築基地上之位置及與鄰近環境之關係，室內設計所稱的平面配置圖則表達室內空間的平面關係，尤其是家具設施配置和動線分佈等情形，設計時若配置不當，將嚴重影響空間機能與動線交通。繪製時應注意以下事項：

⑴圖面應標明各種基本資料…隔間、門窗位置、家具、內部裝修、衛浴廚設備。

⑵若確知建築物方位，宜標示指北針，以供設計時參考。

⑶地坪若無修改或無特殊造形則可將地坪平面繪製在配置圖上，地坪若複雜或有必要時，始另外繪製地坪平面圖。浴廁及廚房內外地坪高度多有差別，各空間高程有複雜變化時，則應標清楚，以符號 ⊕ 表示(圖3-2-3)。

⑷線條至少要有三種粗細層次而且清晰正確，切割面輪廓線用粗線，窗台線因非切割輪廓線宜用中線，家具輪廓線用中線，表現質感及剖面線用細線。

⑸牆柱、門窗、家具的幾種表現方法(圖3-2-5)。

⑹立面圖及剖面圖之圖號應在配置圖上標示清楚，並注意其方向及位置。

⑺圖面為求生動可適度加以美化，但不宜過於花俏，以免影響辨識(圖3-2-4)。

地坪設計繪圖考慮因素
地坪機能：室內或室外、乾濕、防滑等。
選材：質地、硬度是否可切割、防火、防腐等。
尺寸：裁切尺寸、最大尺寸、最小尺寸、厚度等。
質感色彩反光性等。
施工法：黏著劑乾式濕式或特殊施工法交接處收頭方式。
美學：拼花、色彩搭配、尺寸比例等。

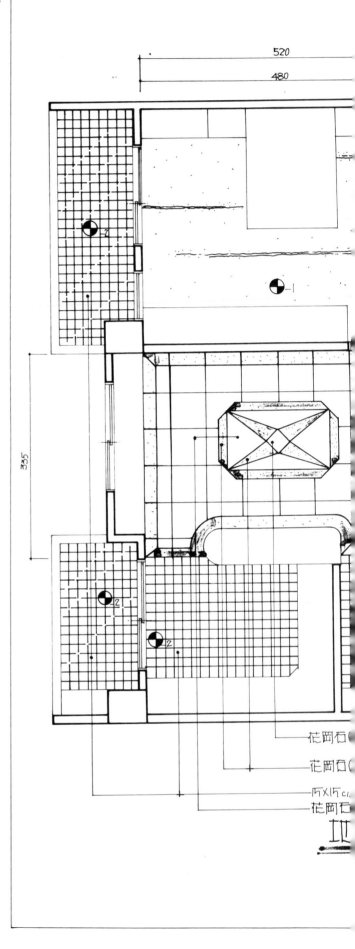

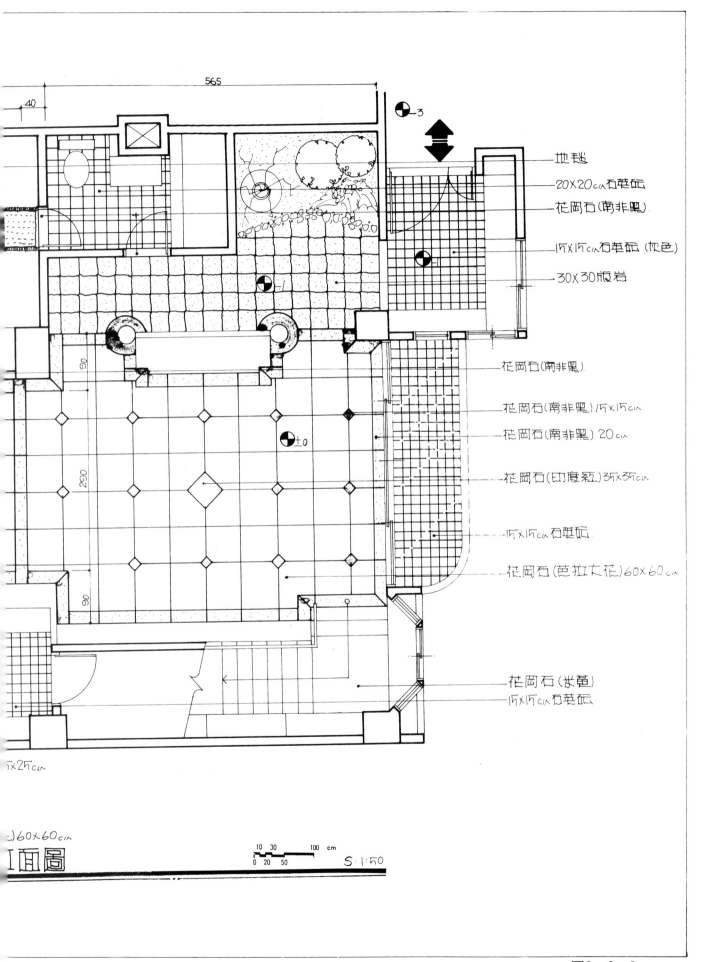

565

40

地毯

20×20cm石英磚

花岡石(南非黑)

15×15cm石英磚(灰色)

30×30版岩

花岡石(南非黑)

花岡石(南非黑)15×15cm

花岡石(南非黑)20cm

花岡石(印度紅)35×35cm

15×15cm石英磚

花岡石(芭拉大花)60×60cm

花岡石(米黃)

15×15cm石英磚

15×25cm

60×60cm

平面圖

10 30   100 cm
0 20 50

S 1:50

圖3—2—3   37

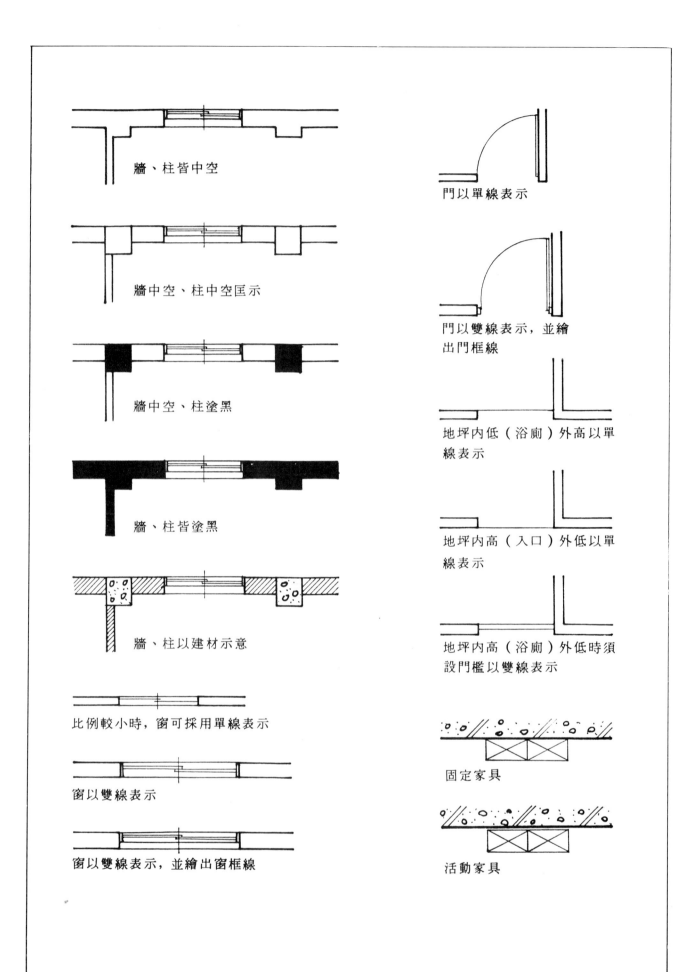

牆、柱皆中空

牆中空、柱中空匡示

牆中空、柱塗黑

牆、柱皆塗黑

牆、柱以建材示意

比例較小時，窗可採用單線表示

窗以雙線表示

窗以雙線表示，並繪出窗框線

門以單線表示

門以雙線表示，並繪出門框線

地坪內低（浴廁）外高以單線表示

地坪內高（入口）外低以單線表示

地坪內高（浴廁）外低時須設門檻以雙線表示

固定家具

活動家具

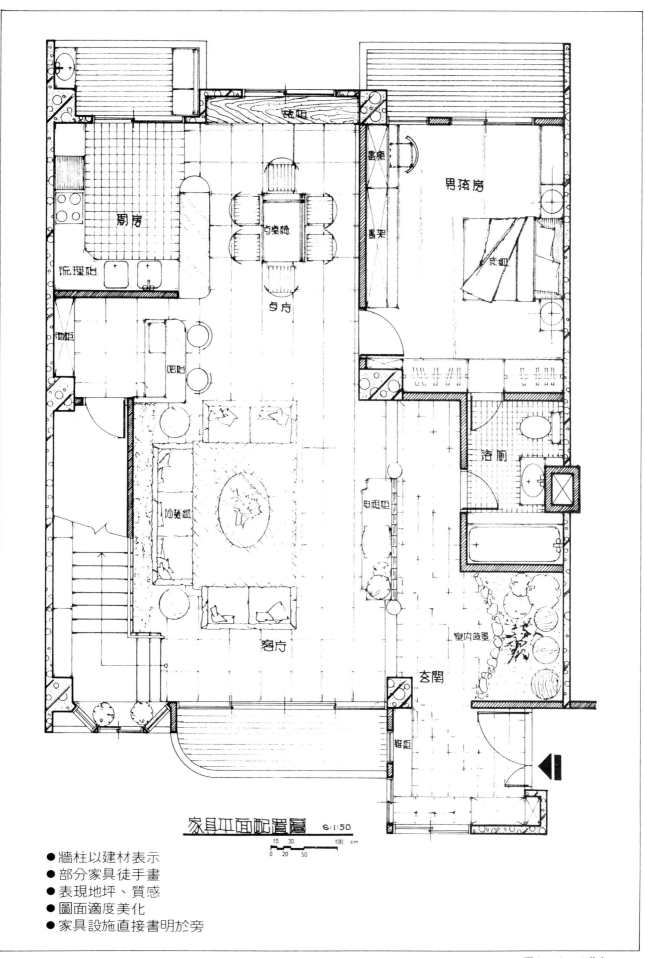

床頭
男孩房
書桌
書架
廚房
床組
流理台
衣櫃
電視櫃
浴廁
吧台
沙發組
室內造景
客廳
玄關
鞋櫃

家具平面配置圖　S:1:50

10　30　　　100　cm
0　20　50

● 牆柱以建材表示
● 部分家具徒手畫
● 表現地坪、質感
● 圖面適度美化
● 家具設施直接書明於旁

圖3—2—5(b)　39

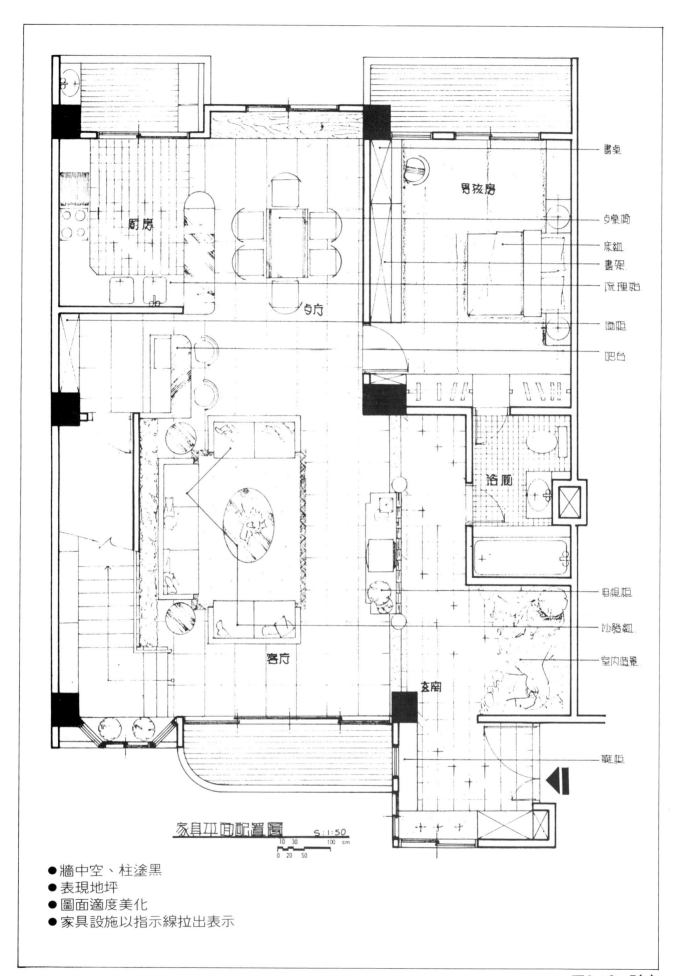

書桌

男孩房

勺桌廊

床組

書架

流理台

酒櫃

吧台

廚房

勺方

客方

浴廁

電視櫃

沙發組

室內造景

玄關

鞋櫃

家具平面配置圖   S:1:50

10 30   100 cm
0 20 50

● 牆中空、柱塗黑
● 表現地坪
● 圖面適度美化
● 家具設施以指示線拉出表示

圖3—2—5(c)

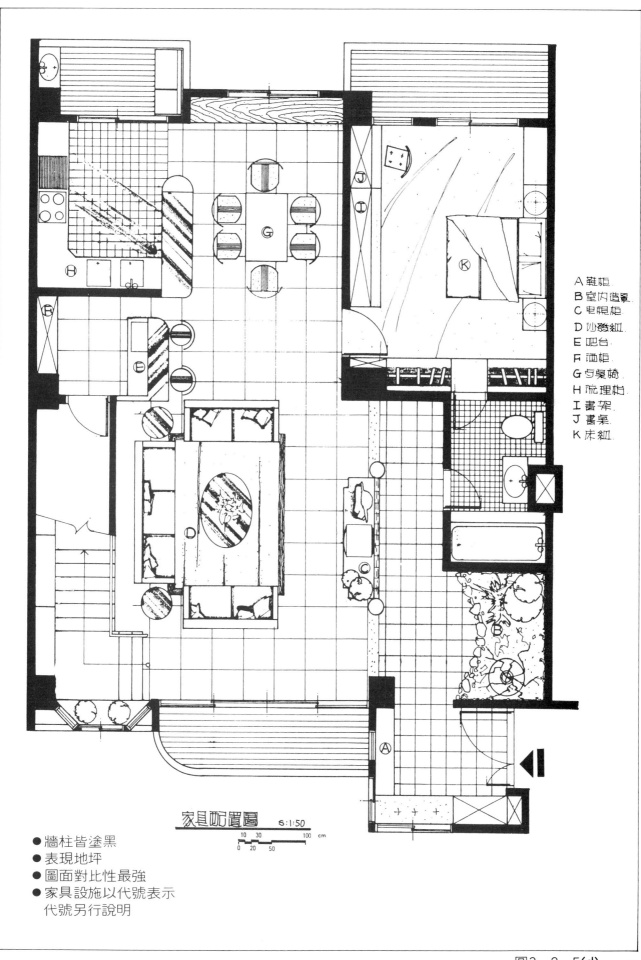

A 鞋柜
B 室內造景
C 電視柜
D 沙發組
E 吧台
F 酒柜
G 桌桌椅
H 流理台
I 書架
J 書桌
K 床組

家具配置圖　S:1:50

10　30　　　　100　cm
0　20　50

● 牆柱皆塗黑
● 表現地坪
● 圖面對比性最強
● 家具設施以代號表示
　代號另行說明

圖3—2—5(d)　**41**

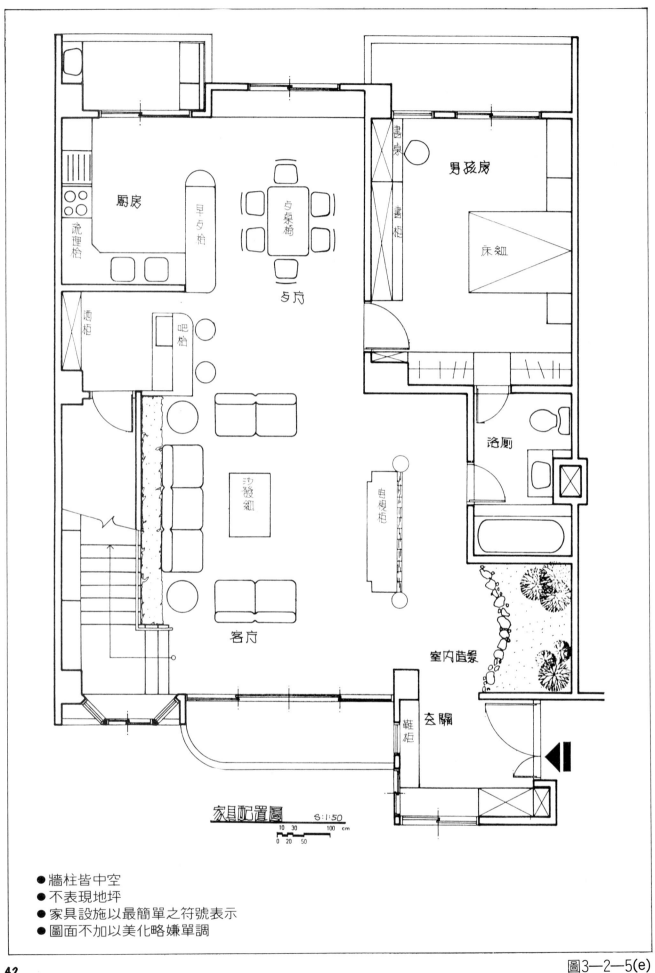

男孩房

書桌

書柜

床組

廚房

流理檯

早夕檯

与桌椅

夕房

酒柜

吧檯

沙發組

電視柜

客方

洛廁

室內造景

玄關

鞋柜

家具配置圖　S:1:50

10　30　　　100 cm
0　20　50

● 牆柱皆中空
● 不表現地坪
● 家具設施以最簡單之符號表示
● 圖面不加以美化略嫌單調

圖3─2─5(e)

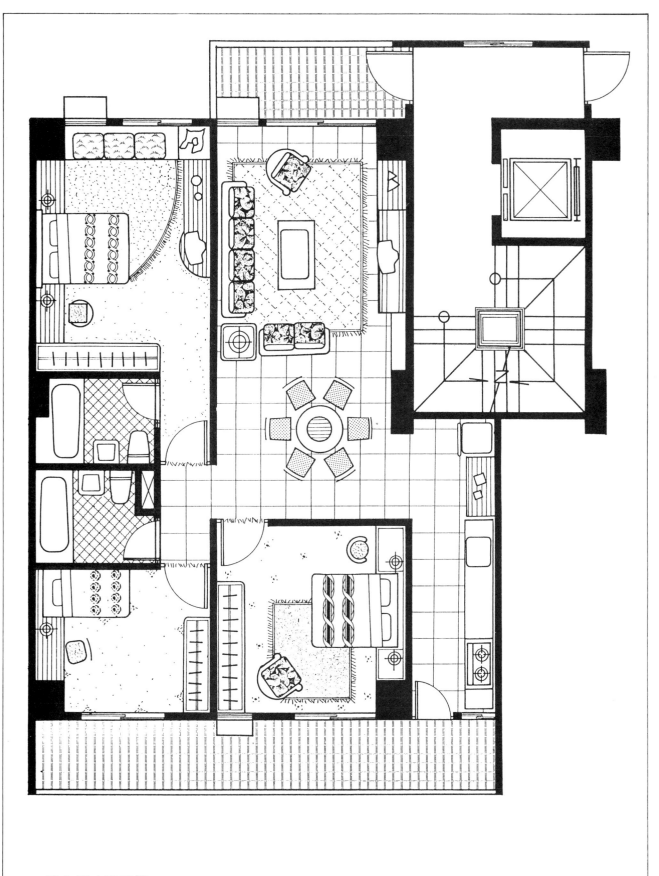

● 廣告用之平面圖
● 圖面裝飾過度，雖美觀
　但易影響辨識

圖3—2—4　　**43**

3-2-3 平頂(天花)詳圖

　　平頂詳圖應包括平面圖和剖面圖，平頂平面圖為了和平面配置圖相互對照，採用反射法繪製，簡單的說就是把地板當一面鏡子，天花經鏡子反射後之俯視正投影圖，因此平頂平面圖可稱為平頂反射平面圖，繪製時應標明各部分之高度，樑的位置以虛線表示，直通平頂之高櫃和門的位置以 ▨ 表示，其繪製方式有以下幾種：

(1)平頂平面圖和燈具配線平面圖兩者繪製在一起，其優點可看出燈具位置和平頂之關係（圖3-2-6）。

(2)平頂平面圖和平面配置圖兩者繪製在一起，其優點可看出家具配置和平頂之關係，家具以虛線表示（圖3-2-7）。

(3)平頂平面圖單獨繪製，這種方式通常是平頂造形或燈具電器配線圖較為複雜而不適宜繪製在一起時為之（圖3-2-8）。

(4)繪製平頂平面圖時可同時繪製其剖面詳圖，而在繪製室內立面圖時可不必繪製平頂剖面，另一種方式則將平頂剖面俟繪製室內立面圖時，始一起繪製。兩者各有優劣，請讀者自行比較（圖3-2-9）。

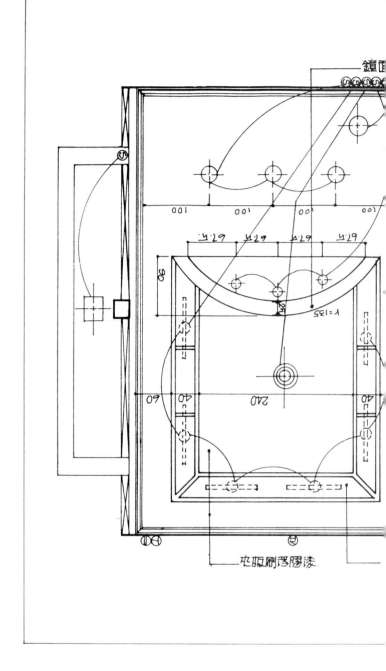

繪製平頂詳圖應注意事項
- 應標明各部分尺寸及材料
- 細部如有必要應另繪剖面詳圖
- 應標明各部分之高度(CH)
- 注意管線走向留設之空間，高程須與之配合。
- 建築設備留設之位置，如燈具、擴音器，消防設施等。
- 窗簾箱是否留設

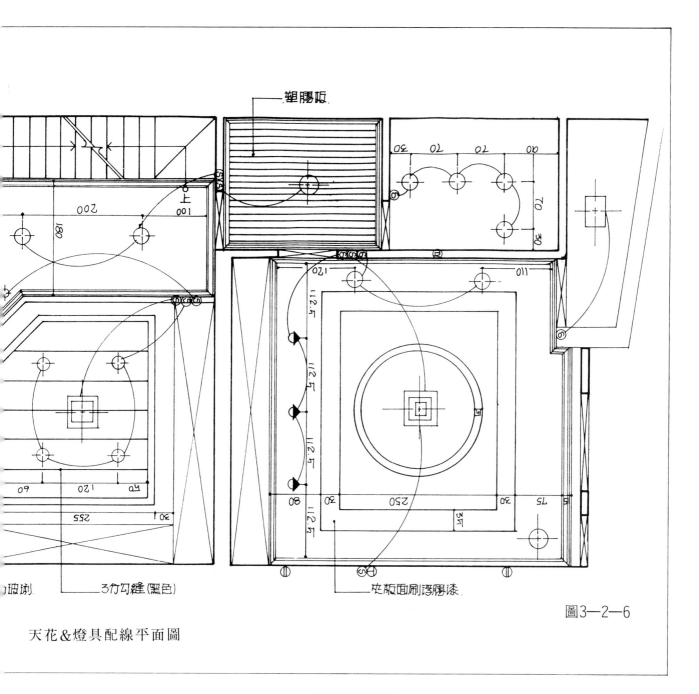

塑膠板

圖3—2—6

天花&燈具配線平面圖

3分勾縫(黑色)

夾板面刷透膠漆

⊚	圓型吊灯	⊖	插座
▣	方型吊灯	Ⓢ	開關
回	和室灯	Ⓣ	電話插座
⊞	日光灯具	Ⓝ	電視插座
⊕	吸頂灯	⊙	对講机
◖	投射灯		
⊕	嵌灯		
⊖	日光灯		

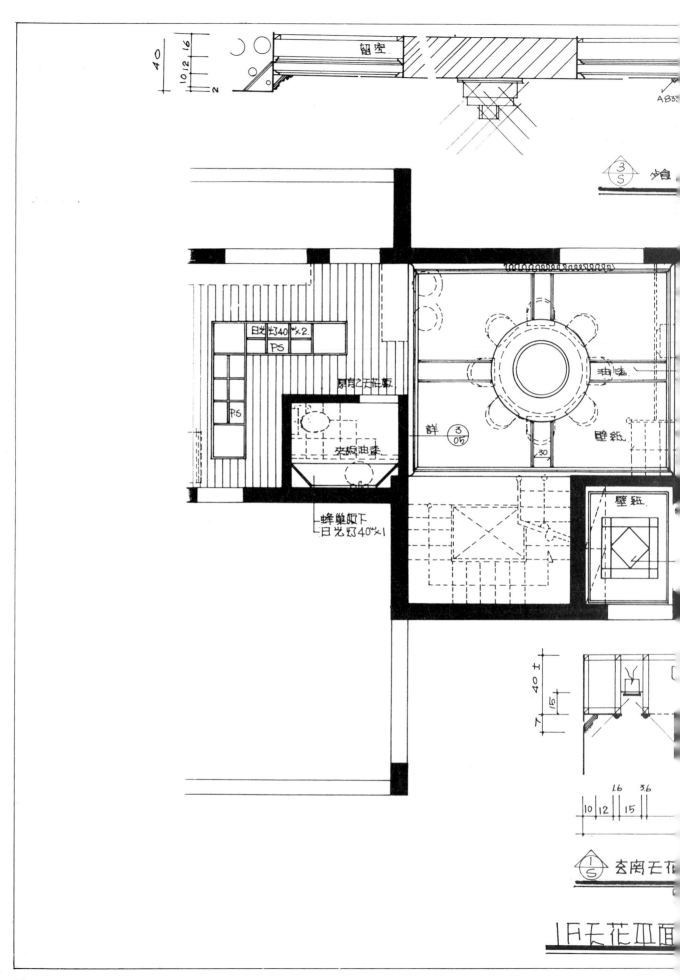

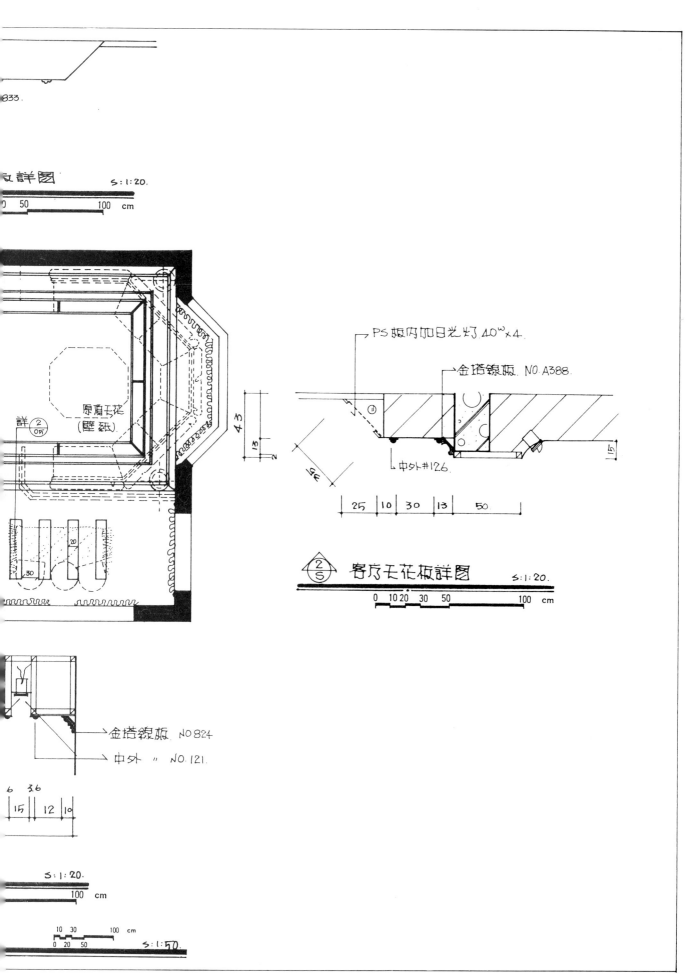

833.

欠詳圖　　　S : 1 : 20.

0　50　　　　100　cm

原頂天花
(壁紙)

詳 ②
　⑤

43
13
2
5

PS板內加日光灯 40ʷ×4.

金塔線板. NO. A388.

中外#126.

25 | 10 | 30 | 13 | 50

②
⑤　客房天花板詳圖　　　S : 1 : 20.

0　10 20　30　50　　　　100　cm

20
30

金塔線板. NO 824.

中外 〃 NO. 121.

6　3.6
15 | 12 | 10

S : 1 : 20.
100　cm

10　30　　100　cm
0　20　50　　S : 1 : 50.

圖3—2—7　　47

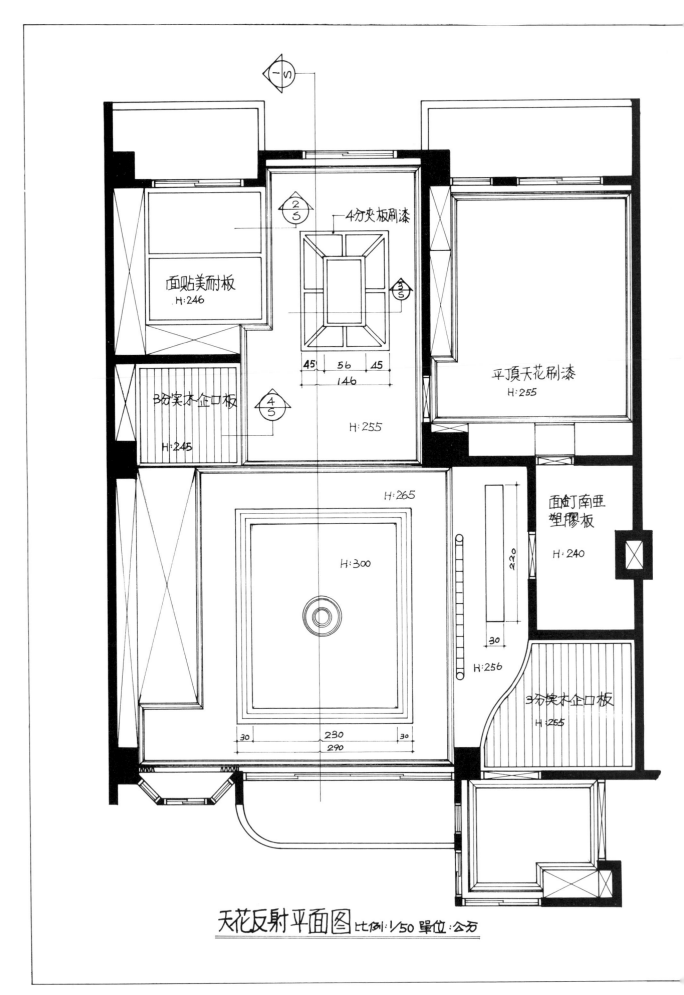

4分夾板刷漆

面貼美耐板
H:246

3分實木企口板
H:245

平頂天花刷漆
H:255

45　56　45
146

H:255

H:265

H:300

面釘南亞
塑膠板
H:240

220

30

H:256

3分實木企口板
H:255

30　　230　　30
290

天花反射平面圖 比例:1/50 單位:公分

48

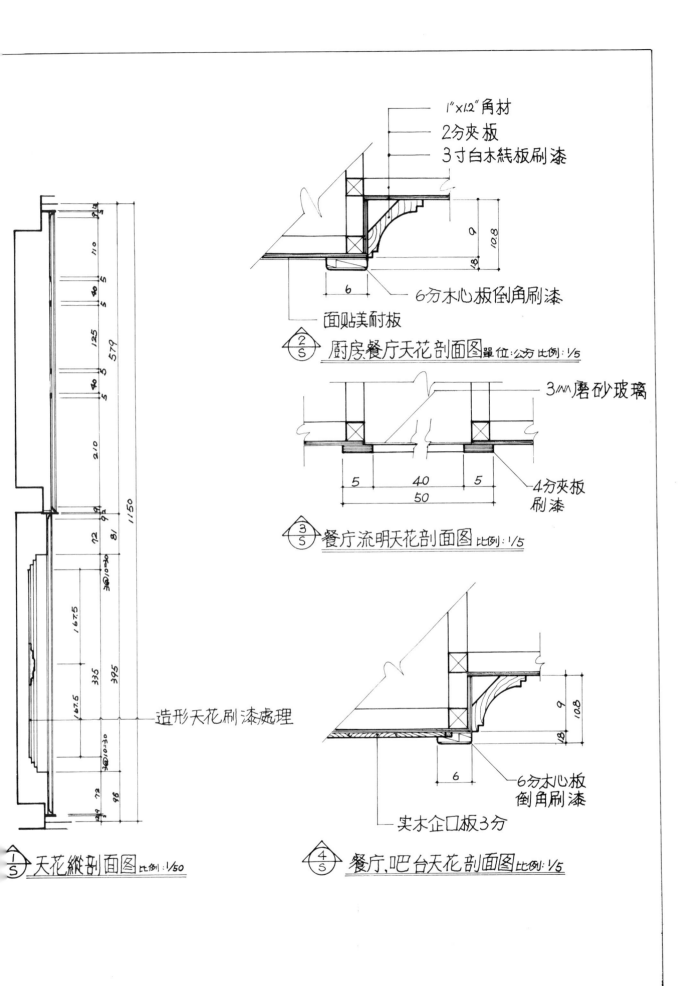

1″×1.2″角材
2分夾板
3寸白木綫板刷漆
9
10.8
18
6
6分木心板倒角刷漆
面貼美耐板

②/S 廚房餐厅天花剖面图 單位:公分 比例:1/5

3/M/磨砂玻璃
5 40 5
50
4分夾板刷漆

③/S 餐厅流明天花剖面图 比例:1/5

9
10.8
18
6
6分木心板倒角刷漆
实木企口板3分

④/S 餐厅,吧台天花剖面图 比例:1/5

9.4
110
5
40
5
5
125
5
40
5
5
210
579
9
72
81
1150
3@10~30
167.5
335
395
造形天花刷漆处理
167.5
3@10~30
72
96
9.4

①/S 天花縱剖面图 比例:1/50

圖3—2—8   49

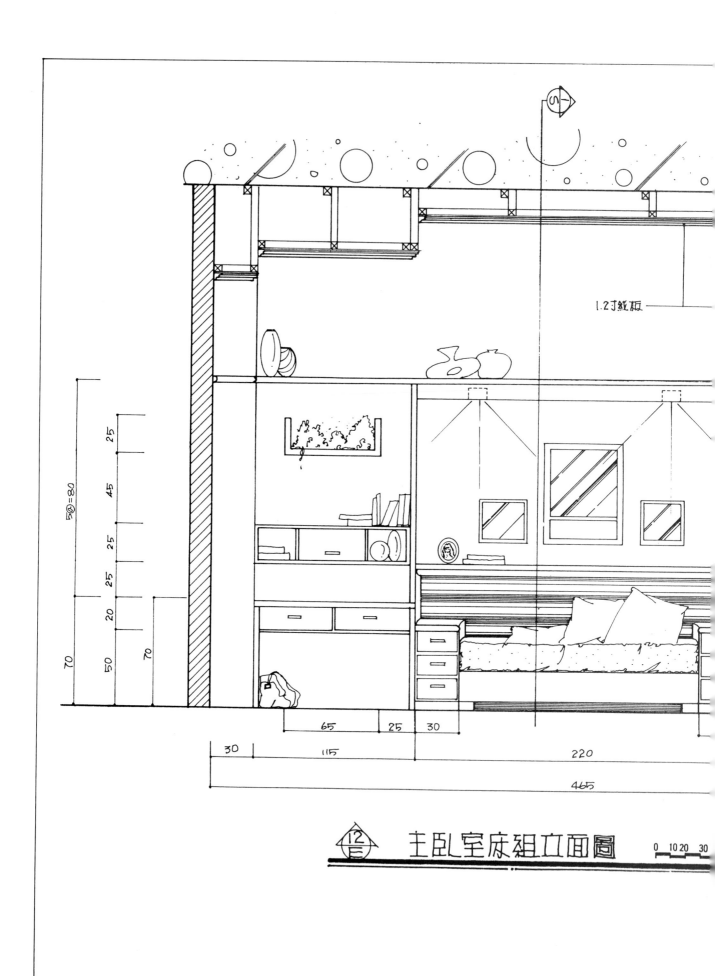

1.2寸紋板

S-1

25

45

5@=80

25

25

20

50

70

70

65

25

30

30

115

220

465

12
主臥室床組立面圖

0 10 20 30

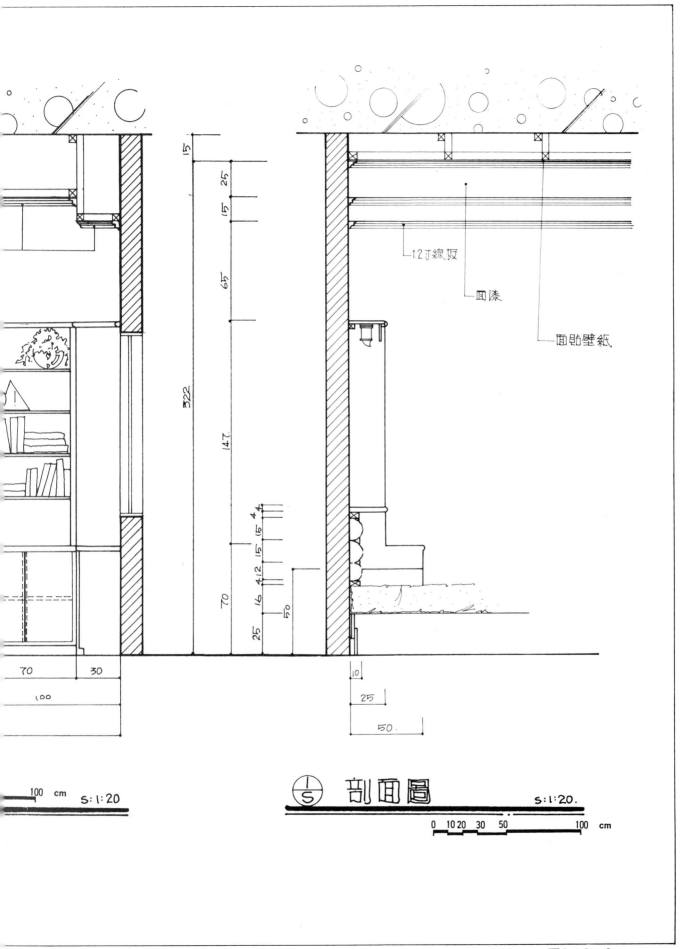

12寸線板

面漆

面貼壁紙

剖面圖

S:1:20

0 10 20 30 50 100 cm

圖3—2—9

51

3-2-4 燈具電器配線圖

　　現代住宅設計已經廣泛應用人工採光(照明)方法,在空間效果與機能方面,各種家電用品也迅速的增加,為了配合這些燈具和電器的使用,其配線及相關工程須有完善的規劃。

繪製時特別注意事項:

(a)應熟悉及正確使用各種電工符號。

(b)家用電器最基本者包括:電視、電鍋、冰箱、電鈴、對講機、冷氣機、洗衣機、電熱水器等,應注意其專用出線口或插座。

(c)如有必要應以尺寸標明燈具配置位置。

(d)標明插座及開關之高度。

(e)簡易配線圖非正式設計圖,繪圖者若不甚明瞭者,最好不要標示,如電源、導線數、線徑等,以免造成施工者的困擾。

(f)習用電工符號並非完全統一,宜在配線圖上另行製表說明各種符號的代表意義。

　　一般住宅建築工程之屋內配線,通常依照建築法規最基本的規範設計,並未考慮到各空間多元化之功能,進一步規劃之工作則交由室內設計師來完成,設計師通常依據原有之配線進行改裝,工程較單純者,先由設計師繪製簡易之設計圖,逕交由水電師父施工,簡易設計圖主要表達燈具和電器出線口以及開關和各式插座配置,圖上通常不標出電源、線徑大小、配線配管方式。這種圖面並非正式之工程設計圖,室內設計師應要有這種認知。若配線工程較複雜者,則應再委託專業水電技師繪製成正式設計圖,以策安全(圖3-2-10)。

簡易配線圖繪製方式有三種:

(1)先繪製平面配置圖,其家具以虛線表示,再將配線圖繪於其上。其優點可看出燈具配置與家具配置之關係(圖3-2-11)。

(2)與平頂平面圖繪製在一起(圖3-2-6)。可看出燈具與平頂造形之關係。

(3)直接繪製於建築平面圖上,平面圖不包括家具及裝修細部(圖3-2-12)。

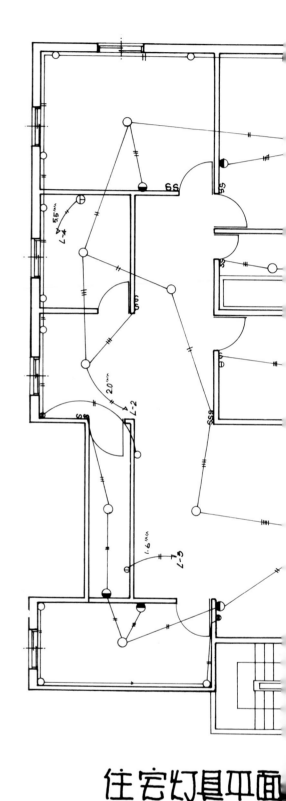

住宅灯具平面

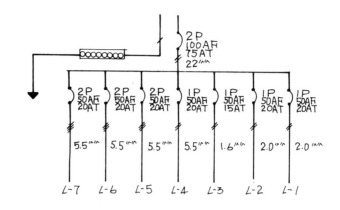

2P
100AF
75AT
22ᵐᵐ

2P 50AF 20AT	2P 50AF 20AT	2P 50AF 20AT	1P 50AF 20AT	1P 50AF 15AT	1P 50AF 20AT	1P 50AF 20AT
5.5ᵐᵐ	5.5ᵐᵐ	5.5ᵐᵐ	5.5ᵐᵐ	1.6ᵐᵐ	2.0ᵐᵐ	2.0ᵐᵐ
L-7	L-6	L-5	L-4	L-3	L-2	L-1

單線圖

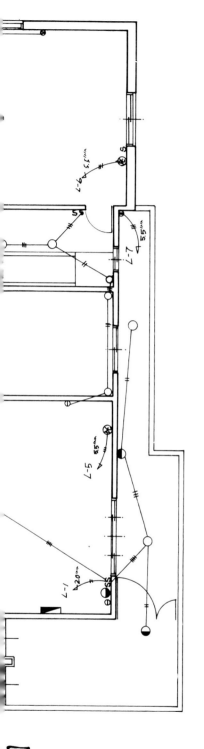

屋內配線製圖符號	
S	門關
○	電燈
◑	壁燈
⊖	單插座
⊜	双插座
▼	電爐
⊤	電話出線口
Ⓝ	電視出線口
Ⓐ/C	冷氣
◣	電燈總開關

S:1:100   0   100   200   300   500 cm

圖3—2—10   53

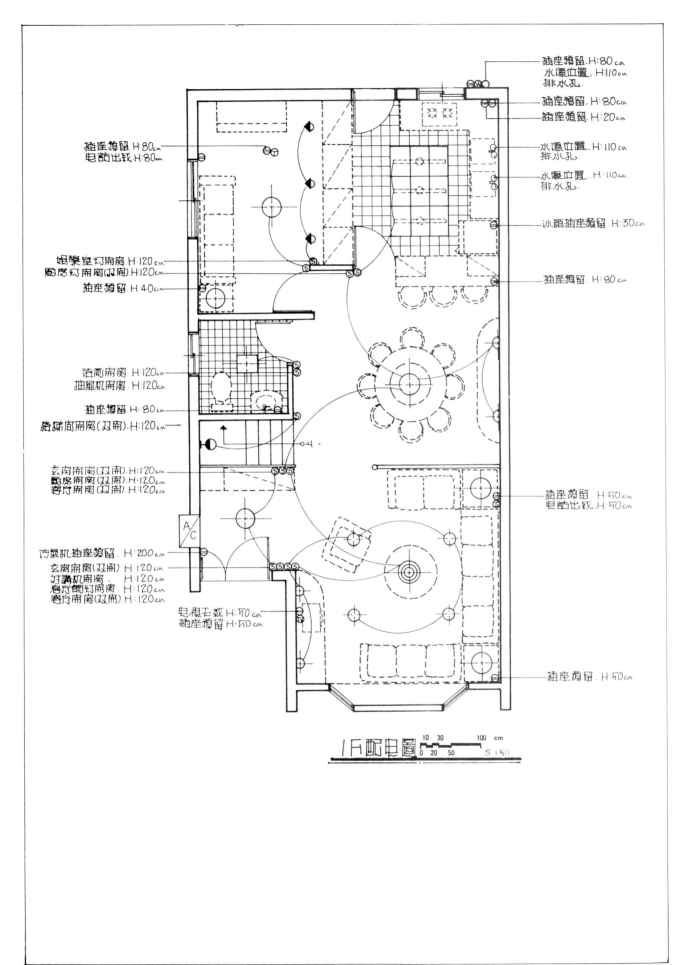

插座預留.H:80cm
水源位置.H:110cm
排水孔.

插座預留.H:80cm

插座預留.H:20cm

插座預留.H:80cm
電腦出線.H:80cm

水源位置.H:110cm
排水孔.

水源位置.H:110cm
排水孔.

娛樂室灯開關 H:120cm
廚房灯開關(双用).H:120cm
插座預留.H:40cm

冰箱插座預留.H:30cm

插座預留.H:80cm

浴廁開關 H:120cm
抽風机開關.H:120cm

插座預留.H:80cm

樓梯間開關(双用).H:120cm

玄關開關(双用).H:120cm
廚房開關(双用).H:120cm
客厅開關(双用).H:120cm

插座預留.H:50cm
電腦出線.H:50cm

A
C

冷氣机插座預留. H:200cm
玄關開關(双用).H:120cm
灯箱机開關. H:120cm
客厅飾灯開關.H:120cm
客厅開關(双用).H:120cm

電視天線 H:50cm
插座預留.H:50cm

插座預留.H:50cm

1F配電圖   10 30   100 cm
              0 20 50   5 150

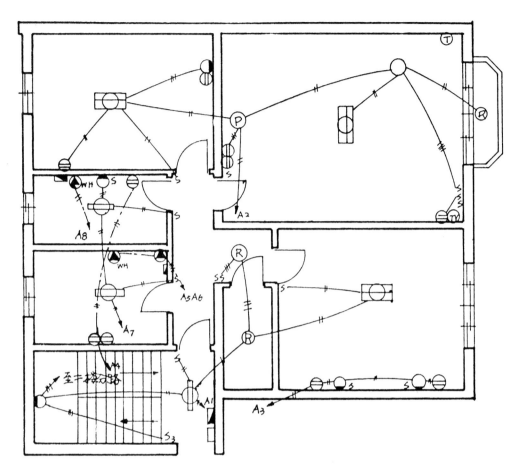

住宅屋內配線圖

符號說明

符號	說明	符號	說明
○	吊燈 60W	◑	壁燈 60W
Ⓟ	吊管燈 100W	⊖	插座 150V 10A
Ⓡ	短腳燈 100W	▲	電灶 220V 5KW
Ⓣ	電話出線口	▲WH	電熱水器 110V 2KW
Ⓣⓥ	電視出線口	⊡	日光燈 40W×1
▬	總開關箱	⊟	日光燈 40W×2
◢	分電盤		

圖3—2—12　　**55**

電氣工程具有高度之專業性，一般住宅屋內配線可謂小型之電氣工程，室內設計師應具備基本的電工常識，至少須有識圖能力，如此方能與相關專業人員討論溝通，在此僅就繪圖方向挑幾項重點略加介紹：

一般住宅多為單相二線式(110V)及單相三線式(110V/220V)低壓供電系統，以單相三線式為例(圖3-2-14)，接戶線有三條，中間(白線者)為中性線，與兩側任何一條(紅或黑)接出為110V，若兩側紅線與黑線接出則為220V，單相三線式以中性線為接地線，習慣稱接地線為地線(白線)，另一條導線稱為火線(紅色或黑色)。地線直接接電燈，火線接開關，燈具與開關之間稱為控制線，換句話說，燈具以火線控制其開關(圖3-2-15)，開關有二路開關、三路開關、四路開關，二路開關用於一處控制，三路開關用於二處控制，四路開關用於三處控制(圖3-2-16)。

在正式的設計圖上 ⎯⫻⟶ A-1 ，箭頭表示電路至配電箱之方向，箭頭上之數字表示分路的編號，線段中之短斜線則表示導線數，室內設計配線圖部分，繪圖者習慣把電燈與開關之間畫上三根斜線，這是錯誤的，因為須視燈具數和開關切換關係而定。所以其導線數可能有二根、三根、四根或者更多(圖3-2-17)。當一個開關不只控制一個燈具時有時會造成困擾(圖3-2-18)。兩個開關控制四盞燈由圖上之導線數分析，有兩種狀況，(圖3-2-19)電燈a 單獨由一個開關控制，其餘三盞則由另一個開關控制。另一種狀況(圖3-2-20)燈具a 和c、b和d 分別由兩個開關控制，若遇到這種狀況時，不妨將燈具及開關附上代號(圖3-2-21)。

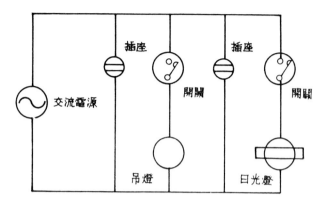

配電基本電路圖

圖3—2—15

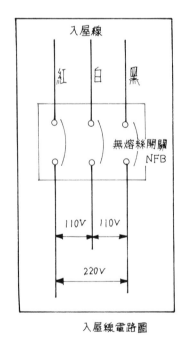

入屋線電路圖

圖3—2—14

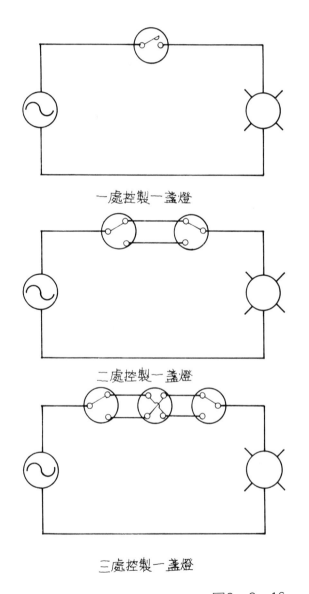

一處控制一盞燈

二處控制一盞燈

三處控制一盞燈

圖3—2—16

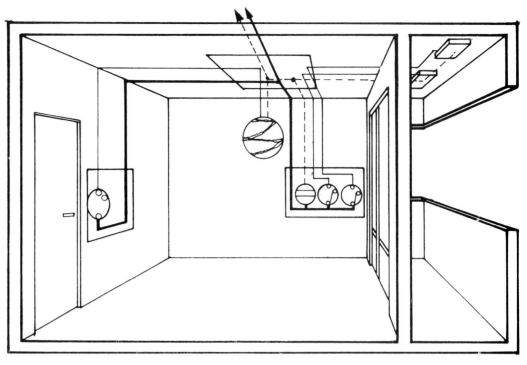

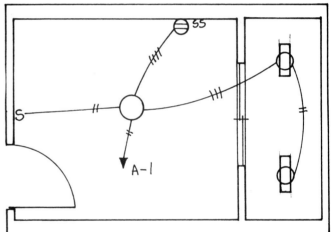

圖3—2—17

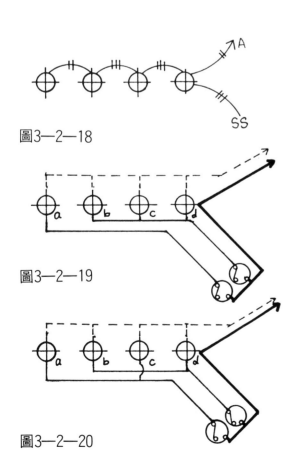

圖3—2—18

圖3—2—19

圖3—2—20

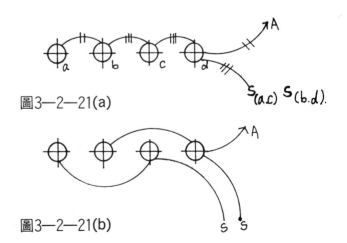

圖3—2—21(a)

圖3—2—21(b)

3-2-5 給排水及空調工程

　　住宅給排水工程較爲單純，通常只牽涉到廚房、進水箱、揚水泵、水塔、浴廁之冷熱給水及廢水污水之排水管線配設問題（圖3-2-22）。

　　住宅空調以往多使用窗型冷氣機，如除濕機等，目前中央空調系統及分離式冷氣機漸被採用，至於中央空調系統設計圖，應委託空調專業人員繪製（圖3-2-23）。

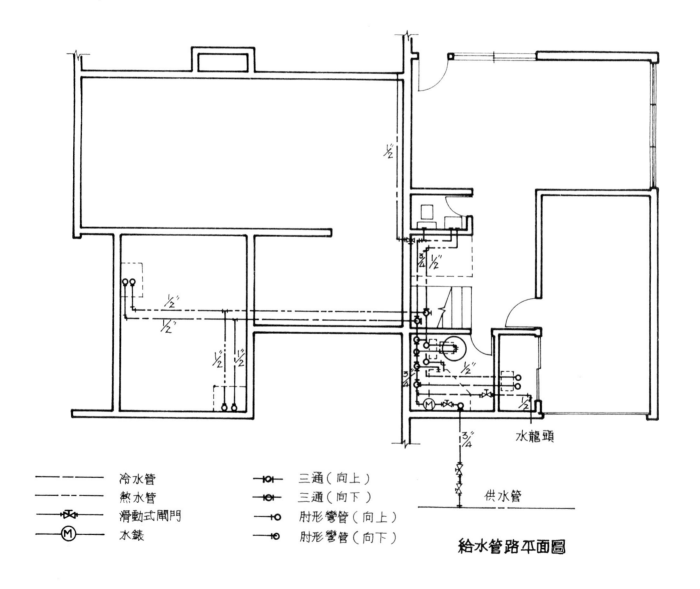

————	冷水管	—⊠—	三通（向上）
———	熱水管	—⊡—	三通（向下）
—⋈—	滑動式閘門	—○	肘形彎管（向上）
—Ⓜ—	水錶	—●	肘形彎管（向下）

給水管路平面圖

圖3—2—22

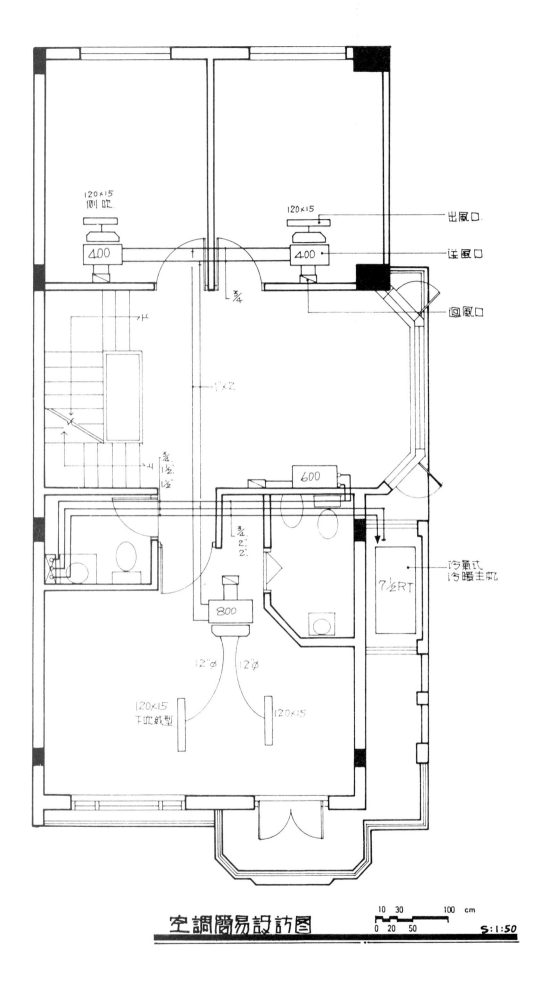

空調簡易設計圖

10 30   100 cm

0 20 50   S:1:50

圖3─2─23   **59**

3-2-6 家具及內裝施工詳圖

　　一般施工詳圖應包括平面圖、立面圖、剖面圖及大樣圖。以下詳述之：

(1)平面圖

平面圖如前所述，有必要時可選擇在家具或內裝之適當位置水平切割繪製，爲了使施工詳圖更方便表達或更精簡，有時平面圖比剖面圖更適宜（圖3-2-24）。

(2)立面圖

立面圖以各個空間四個方向立面繪製爲原則，又稱爲立面展開圖，主要表達家具、門窗和牆面內裝關係及其施工資料，施工資料包括各部尺寸、材料、構造、色彩和施工法等。雖然在平面配置圖上已經表明各種平面關係，但並未標出詳細之尺寸所以繪製立面圖時如有必要，宜把相對的詳細平面圖繪出，以便相互對照（圖3-2-25）。

(3)剖面圖

剖面圖可輔助立面圖無法清楚說明者，尤其深度、剖面材料及特殊隱藏性設計以剖面表達最爲方便，剖面圖之切割線可適當標示在平面配置圖上或立面圖上，繪製時其切割位置應選擇適當。有時繪製立面圖時可同時繪製部分剖面（圖3-2-26）。

(4)大樣圖

大樣圖係針對需要放大說明時繪製之圖面，可選擇以平面、立面、剖面或立體方式繪製，主要使施工者更清楚瞭解細部或特殊工法，以利施工（圖3-2-27）。

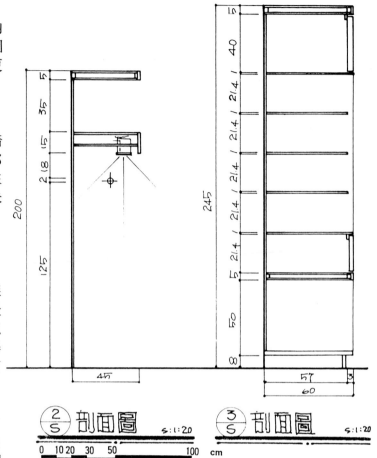

圖3－2－26(a)

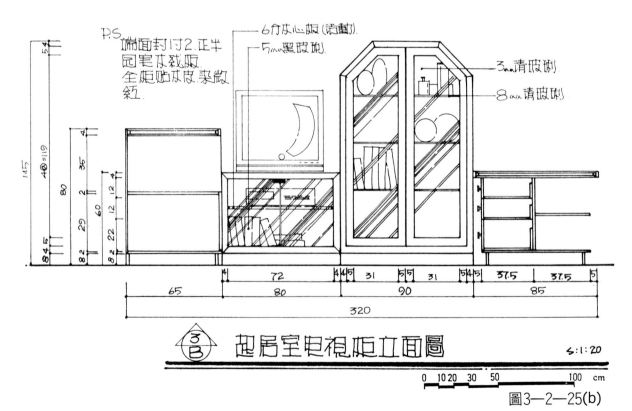

圖3－2－25(b)

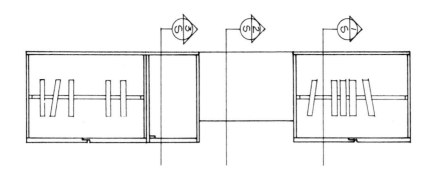

兒童房A區櫥平面圖　　　　　s:1:20.

0　10 20　30　50　　　　　100　cm

圖3—2—24(a)

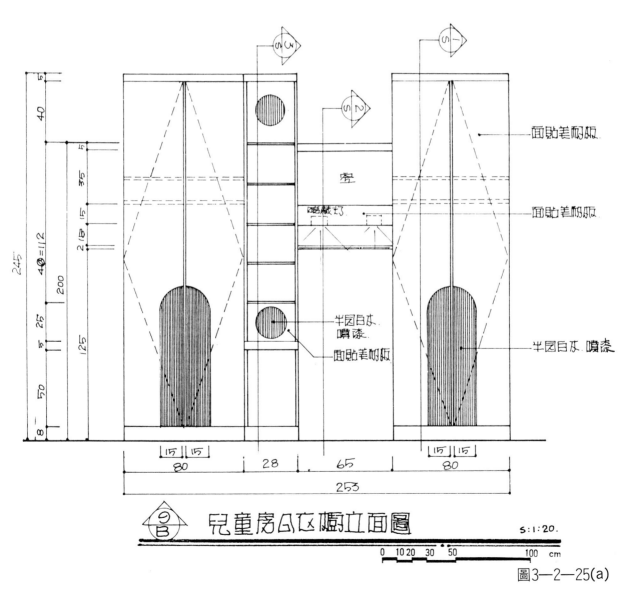

面貼美耐版

面貼美耐版

半圓自弁噴漆

半圓自弁噴漆

面貼美耐版

暗藏灯

245

40
5
35
15
2個15
2個15
5
50
8

40=112
200
125
25
5
5

15　15
80
28
65
80
15　15
253

兒童房A區櫥立面圖　　　　　s:1:20.

0　10 20　30　50　　　　　100　cm

圖3—2—25(a)

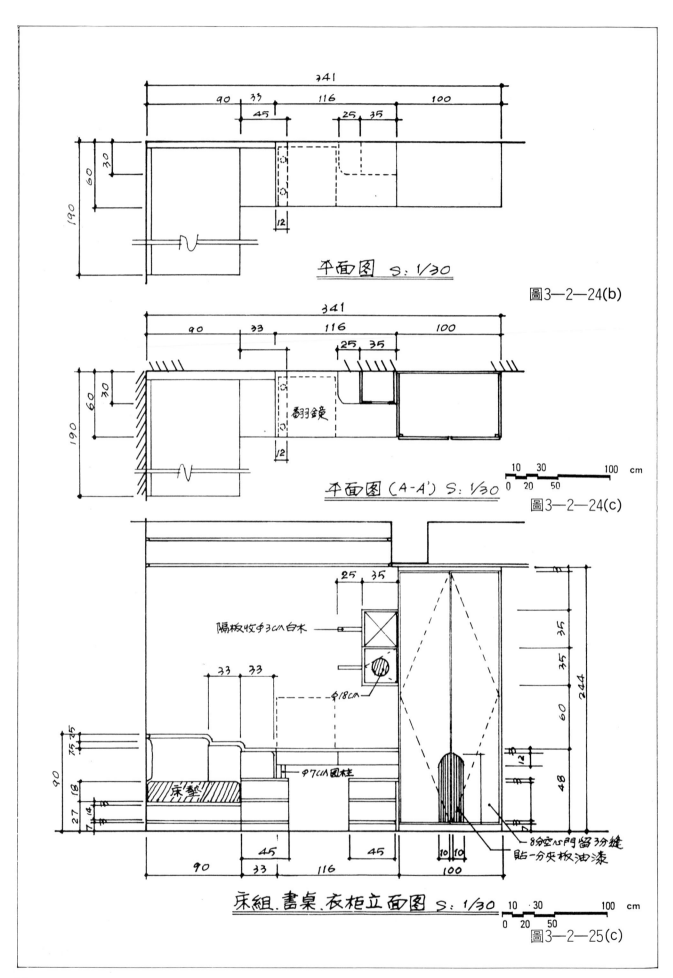

341

90 33 116 100

45 25 35

60 30

190 12

平面图 S: 1/30

圖3—2—24(b)

341

90 33 116 100

25 35

60 30

翻鏡

190 12

平面图 (A-A') S: 1/30

10 30 100 cm
0 20 50

圖3—2—24(c)

25 35

隔板收 φ3cm白木

35 35

33 33

244

φ18cm

60

75 25
90

床墊

48

φ7cm圓柱

27 14
18

8分空心門留3分縫
貼一分夾板油漆

90 33 116 100

45 45 10 10

床組.書桌.衣柜立面图 S: 1/30

10 30 100 cm
0 20 50

圖3—2—25(c)

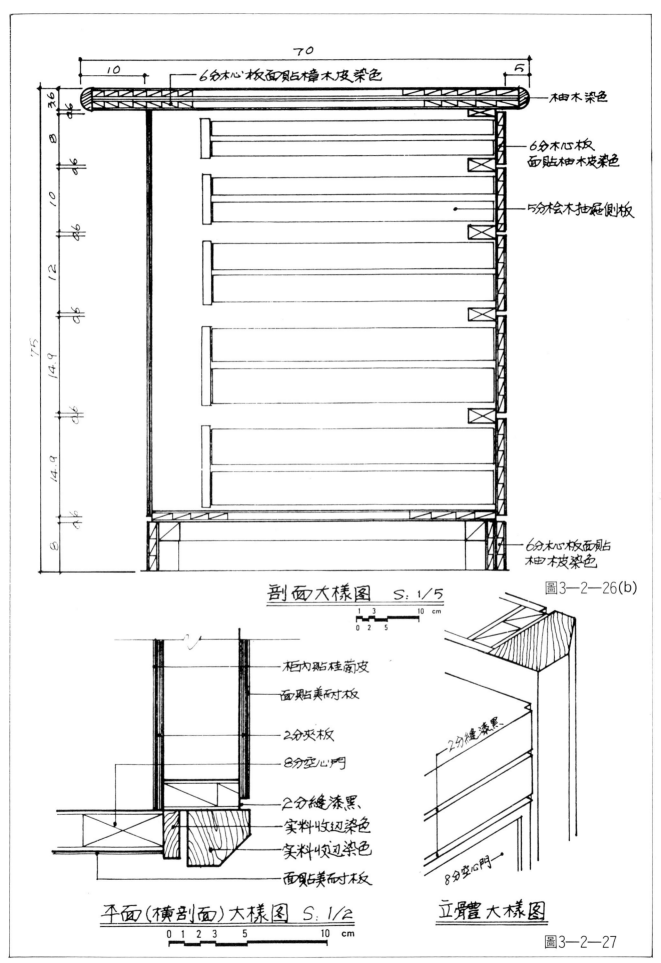

70

10   6分木心板面貼樟木皮染色   5

36
6
8
6
10
6
12
6
75
14.9
6
14.9
6
8

柚木染色

6分木心板
面貼柚木皮染色

5分桧木抽屉侧板

6分木心板面貼
柚木皮染色

剖面大樣圖　S: 1/5

1 3 　　10 cm
0 2 5

圖3—2—26(b)

柜内贴桂蘭皮

面貼美耐对板

2分夾板

8分空心門

2分縫漆黑、

实料收边染色

实料收边染色

面貼美耐对板

平面（横剖面）大樣圖　S: 1/2

0 1 2 3　5　　　10　cm

2分縫漆黑

8分空心門

立骨體大樣圖

圖3—2—27

3-2-7 透視圖

　　透視圖主要表達空間或部分造景之透視效果，不但是設計師與業主很好的溝通工具，同時可供施工者之參考(圖3-2-28)。透視圖繪圖法及表現技法，市面上有很多專書，本書不擬進一步說明。

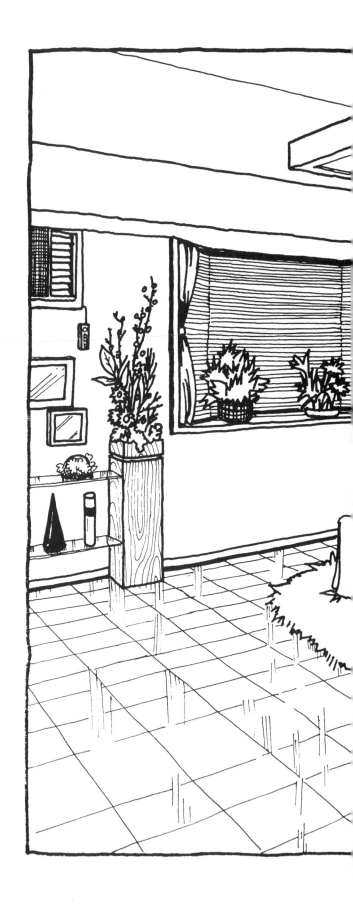

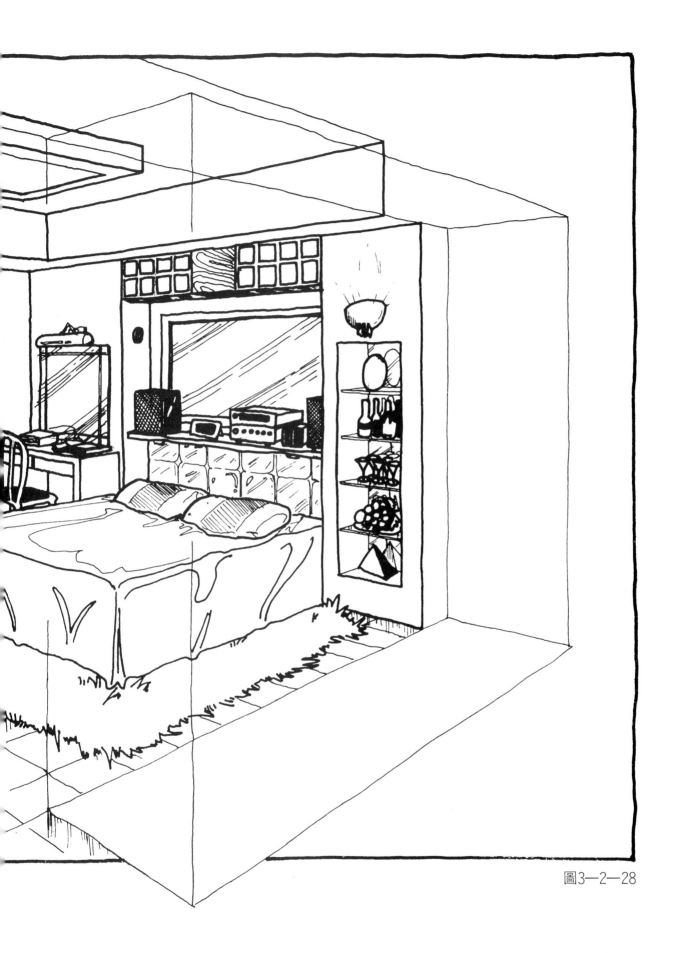

圖3—2—28

3-2-8 材料及色彩計劃

材料及色彩計劃表示方法有以下幾種
（圖3-2-29）、（圖3-2-30）。

張　號	樓層	圖　號	工程內容	選 材 及 色 彩 說 明（色彩比照 I C I 圖料色卡）
4/39	1	1/A-1	門面立面圖	牆面刷進口防火塗料　JP100，線板貼栓木皮染色（得利6525）窗框栓木皮刷透明漆，窗台底貼奇麗岩石
5/39	1	3/A-1	客廳門面	平台貼灰色花岡岩，客廳窗簾布卡芬登 TO1-09
6/39	1	4/A-1	客廳隔間櫃	隔間壁面刷水泥漆（得利彩絲44146）隔間櫃主色3010、副色6525，地面鋪地毯（殷康144 01）
7/39	1	2/A-2	餐廳儲櫃	整座貼栓木皮染色（3010），六分木心板平台貼栓木皮染色（6525），牆面刷水泥漆（得利彩絲44146）
8/39	1	3/A-3	廚房屏風	牆面刷水泥漆（得利彩絲44146），台面貼貓黑大理石
9/39	1	5/A-3	廚房餐台	台面貼杜邦可麗耐 TP17，固定架貼栓木皮染色（6525）
10/39	2	2/A-4	休閒室高櫃	全櫃貼栓木皮染色（3010）
		3/A-4	休閒室茶几	貼栓木皮染色（3010）
11/39	2	7/A-4	端景	壁面貼壁布 BAWLH-76，窗框台面貼栓木皮染色（1010）
		9/A-4	琴房矮櫃	全櫃噴漆主色1030，副色4010，台面1030
12/39	2	11/A-4	休閒室矮櫃	台面貼檜木皮染色（6526），全櫃貼檜木皮染色，主色2536，副色6525
13/39	2	2/A-5	和室門面	樑刷進口防火塗料JP100，壁面釘壁板貼 Tabu608 薄片
14/39	2	4/A-5	和室門面	檜木實木落地門，壁面釘壁板貼 Tabu608 薄片 589
15/39	2	6/A-5	和室儲藏櫃	全櫃木心板貼檜木皮刷透明漆，壁面貼壁紙 SPECTRA-88339
16/39	2	8/A-5	香案	全櫃壁面門面釘壁板，貼 Tabu 薄片 608，邊框檜木皮染色（6525）
17/39	2	10/A-5	和室茶几	整座面貼檜木皮刷透明漆　　　　（以下省略）

表頭：台中市金山路　李公館設計案材料及色彩計劃表　　業務編號：A890602

圖3—2—29

陳公館二樓內裝工程施工說明及建材分析一覽表

項目 說明 區域	天花板	窗簾	壁面	地板	傢俱	照明
客廳	①刷 ICI 水泥漆 ②白木線板 2分×1吋噴 透明漆	卡芬登 F22-9	刷 ICI雪中彩影 百合白	一澤 FCC-056 銘木地板	①抬面大理石 （黑金石） ②黑色眞皮沙發 組	立明 CG38125 立　明 CTA1023B
客房	①刷 ICI 水泥漆 ②白木線板 2分×1吋噴 透明漆	日美歡喜垂直簾	刷 ICI雪中彩影 百合白	一澤 FCC-056 銘木地板	①木作部分面貼 栓木皮染色 （ICI#1010） ②床頭裱布貴族 PBK228-65	千輝燈飾 CD-7229 （加小燈）
主臥室	①平頂貼壁紙 ②四週釘白木線 板 2分×1吋 噴黎明色漆	貴族進口家具系 列 PW-241 薔薇紅印花	刷 ICI雪中彩影 蘭花白	英國進口地毯 幽蘭系列 V60BEIGE	①木作部分面貼 栓木皮刷透明 漆 ②床頭裱布貴族 PW-227- 65	立明 CG16414 化妝台千輝 CD7682 床頭千輝 CD7674
女孩房	①平頂貼壁紙 ②四週釘白木線 板噴米白漆	日美捲簾 139	貼壁紙 舒佩特 88372	歐洲新潮系列印 花地毯 #412	①木作部分面貼 栓木皮染色 #1002 ②床頭裱布卡芬 登 J-01-11	金箭 GS-90296
男孩房	①銘木天花 （一澤）FCC- 056 ②實木造形半圓 檜木線板押邊	日美捲簾 558	貼壁紙 舒佩特 H89132	釘紅橡實木地板 （白身）	①木作部分面貼 栓木皮刷透明 漆 ②床頭裱布卡芬 登 J-01-19	千輝 CD-7238
書房	①銘木天花 （一澤）FCC- 056 ②實木造形半圓 檜木線板押邊	日美捲簾 10-9	刷 ICI 水泥漆 珊綠 53056	釘紅橡實木地板 （白身）加高 20cm	①木作部分面貼 栓木皮刷透明 漆	千輝 CD7172
浴室	南亞塑膠板		貼進口磁磚 32× 42.5(cm)	貼進口磁磚 32× 42.5(cm)		立明 2D 吸頂燈 CG28112

圖3—2—30　　67

3-2-9 其他

　　住宅室內設計工程通常較單純，至於商業空間之設計牽涉工程則較爲廣泛和複雜，諸如：播音系統、廚房設備、電腦資訊系統等，這些設備系統也應有完整圖說，自然需要更多的專業人員參與。

第四章
基本訓練
與表現技法

4-1 線條

4-1-1 線條的表現方式

4-1-2 線條的種類

4-1-3 線條的運用

第四章 基本訓練與表現技法

設計師總是竭盡思慮從事設計工作，一個作品從設計構思，設計定案到完成施工，這中間每一個過程必須環環相扣方能成事，一個富有創意的設計構想，若不能進一步發展使其成為作品，充其量不過是「紙上談兵」。設計師利用設計圖傳達設計構想並和業主溝通，設計定案後，又須藉由精準確實的施工圖作為施工的依據。本章所要探討的就是，作為一位優良的繪圖者，須具備那些專業條件。

前面幾章已陸續提過繪圖之各項規範和條件，在此再作一整理，從較廣的角度來看，繪圖者（可能是原設計者）必須充分瞭解設計者的原意，並熟悉材料特性及施工法等，同時要有現場監工之經驗，如此方能使施工圖與現場施工相互吻合，節省工時。但純就繪圖技法而言，大致歸納出以下幾個方向：

(1)必須充分瞭解各種繪圖原理，熟悉各種圖面屬性和製圖規範，選擇精簡有效的表達方法。

(2)熟悉各種符號和製圖語彙並能正確的使用。

(3)紮實的基本訓練和適切的表現技法，工程製圖圖面通常由線條和註字構成，圖面的好壞殆決定這些因素。

(4)建立比例尺正確使用觀念，圖面多是依比例縮小關係繪製，比例尺若選擇不當將影響圖面所要傳達的原意，如大樣圖比例過小，則可能仍無法把細部表達清楚。

(5)熟悉各種尺寸換算並能充分應用。

根據觀察，以下幾種狀況繪圖者較易犯錯和忽略：

(1)圖法不對，通常由於不諳製圖原理以及圖面屬性及其作用所致。

(2)圖面不足或過於簡化，以至於表達不夠清楚完整，圖面的不完整常造成讀圖的困難。

(3)說明、註字、尺寸與現場尺寸誤差過大，通常由於誤量、漏字或筆誤所造成。

(4)圖上工法不當或有誤，造成施工困難浪費工時或根本無法施工。

(5)不熟悉符號語彙的表達或隨意獨創一格，徒增讀圖之困擾。

(6)不熟悉材料特性、規格尺寸，形成施工不便或材料無法取得。

(7)圖面重複或過於繁複，徒增讀圖之困擾。

(8)線條粗細不當，層次不明。

(9)工程註字不夠清晰工整。

(10)比例尺選擇不當，以上三項因素都可能造成讀圖的困擾或錯誤。

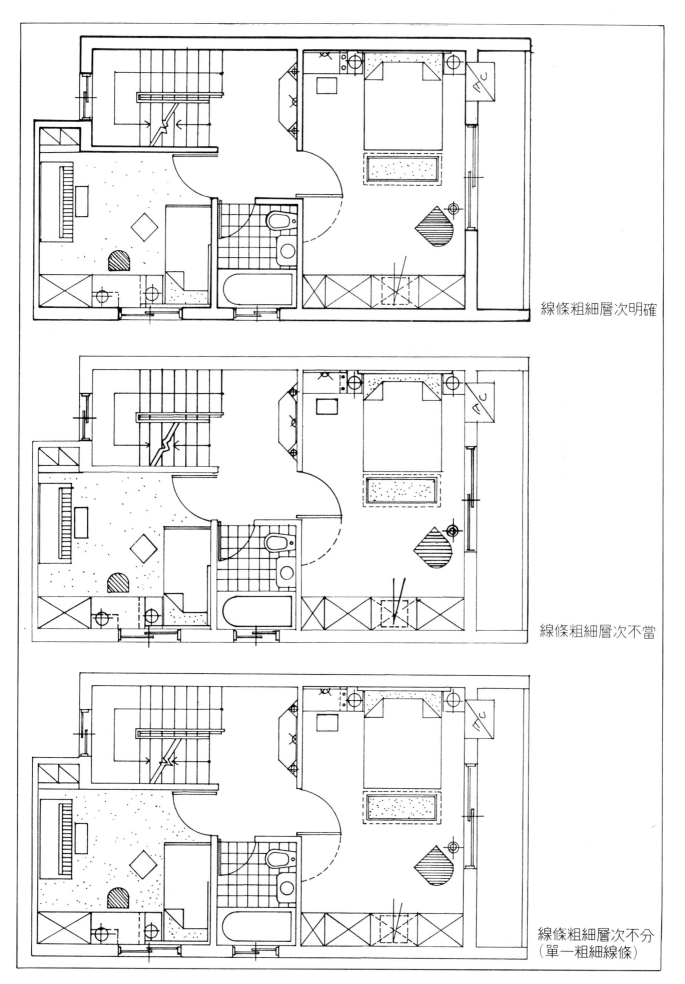

線條粗細層次明確

線條粗細層次不當

線條粗細層次不分
（單一粗細線條）

4-1 線條

線條是各種工程製圖的基本元素，在「平面設計原理」的討論中，通常賦予兩種意義，一是幾何性或概念性，二是視覺性或具體性。製圖就是將三度空間的點、線、面、體以二度空間的點、線、面來表達，幾何性「點」的運動軌跡成為「線」，「線」的運動軌跡成為「面」，繪圖時將三度空間的面以平面上(二度空間)的線來匡示，形成面的輪廓線，所以工程製圖可說是多方運用線條組合而成的畫面。

4-1-1 線條的表現方式

製圖時，產生線條或以線條表現之方式，大致可歸納為以下幾種情況(圖4-1-1)：

(1)存在於面的邊緣，不同方向、高低、遠近的面即會形成邊緣線或輪廓線，如茶几面和地坪面係高低關係。

(2)存在於面的屈折處或相交處，如方柱柱角形的線可視為面屈折90度而形成，又如兩牆形成的牆角線可視為面的相交線。

(3)同一平面，不同的材質或色彩臨接處可用線來匡示。

(4)表示弧面或曲面可用線距鬆密來表示。

(5)質感和陰影也常用線來表示。

(6)各種的標線或導線，如割線、指引線及工程註字之格線。

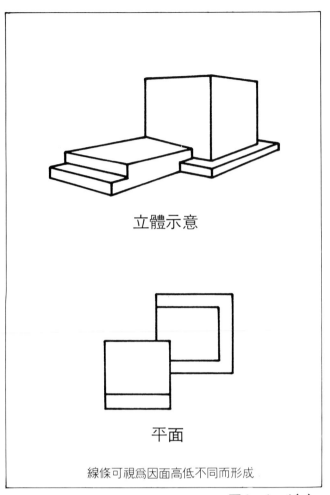

立體示意

平面

線條可視為因面高低不同而形成

圖4—1—1(a)

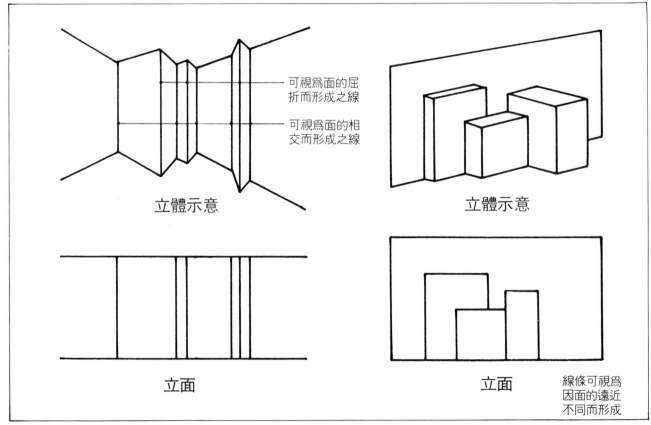

可視為面的屈折而形成之線

可視為面的相交而形成之線

立體示意

立體示意

立面

立面

線條可視為因面的遠近不同而形成

圖4—1—1(b)

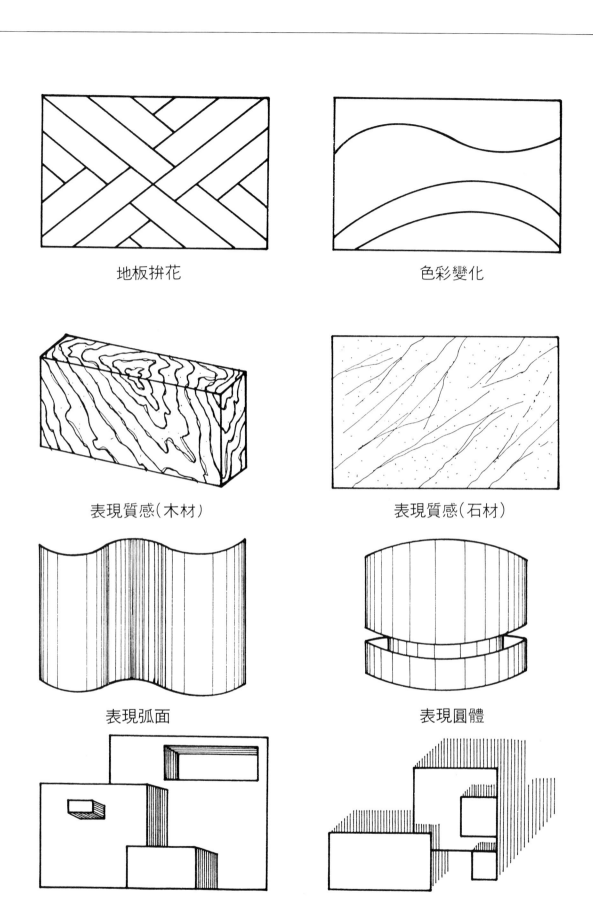

地板拚花　　　　　　　　　　色彩變化

表現質感（木材）　　　　　　表現質感（石材）

表現弧面　　　　　　　　　　表現圓體

表現陰影（立面）　　　　　　表現陰影（平面）

圖4—1—1(c)　**73**

4-1-2 線條的種類

　　工程製圖的線條不管是直線或曲線，多具有強烈的方向性和幾何性，為了讓圖面縱橫交錯的線條，達到正確、清晰、易辨、美觀的效果，首先必須瞭解各種線條---實線、虛線、主線、輔助線等代表的意義及粗細層次的釐定。

線條的種類：

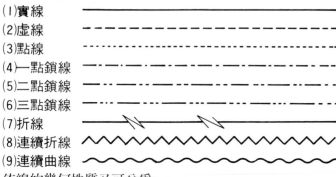

(1)實線
(2)虛線
(3)點線
(4)一點鎖線
(5)二點鎖線
(6)三點鎖線
(7)折線
(8)連續折線
(9)連續曲線

依線的幾何性質又可分為

(1)幾何直線（方向固定）
　　垂直直線　水平直線　斜直線
(2)自由直線（方向不固定）
(3)幾何曲線　圓　橢圓　拋物線
(4)自由曲線（平滑無折點）
(5)不規則線（無特定規則者）

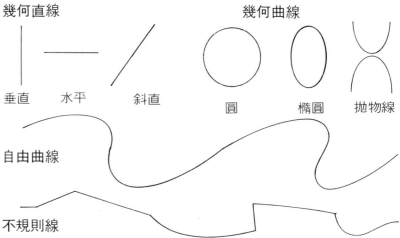

幾何直線　　　　幾何曲線
垂直　水平　斜直　　圓　橢圓　拋物線
自由曲線
不規則線

4-1-3 線條的運用（圖4-1-2）

(1)顯露之輪廓線：匡示具體空間周邊的正投影實線。簡單的說就是物體內外圍的邊緣線。主在顯示物體之外形輪廓，如地平線、家具的外形線等。

(2)隱藏之輪廓線（想像線）：通常以虛線或鎖線表示，若物體之若干部分被其他部分所遮蔽，則原來應繪實線之物體輪廓線，在平面上常以虛線表示。平面圖位於水平切割面以上之物體，樑、拱門等，通常也以虛線表示。

(3)剖面之輪廓線：物體被切割後，其被切割面之輪廓線，通常以粗重線表示，如隔牆線。

(4)剖面線：物體被切割之處，其被切割之面以剖面線表示，不同材質有不同形式的剖面線。

(5)切割線（割面線）：用以表示切割剖面位置之標線，以二點鎖線表示，通常標示在平面或立面圖上，為一甚粗之線條，繪製時可不須貫穿所切割面之全部，以免干擾圖面上之其他線條；或可多方屈折，取其重要之部分。

(6)截切線（折線）：如物體之某一部分不能或不須完全繪出時，即應用截切線（折線）將不必要之部分省略。

(7)中心線：表示對稱物體對稱軸之位置，以細鎖線表示，並附記「　」符號。中心線可作為標示尺寸的位置，也常可省略相對側（另半部）的圖樣。

(8)延伸線：係自家具或物體特定的點、線或面向外延伸之線條，以便註字說明之用，為淡而細之實線。

(9)尺寸線：表示延伸線匡示範圍的距離之細實線，即表示物體尺寸所用之線條。尺寸的表示方法有以下幾種（圖4-1-3）：

(10)指引線：為用以將註字尺寸引至適當之位置，以便書寫說明。

(11)導線或格線：寫工程註字時為求整齊畫一，可使用導線或格線來引導匡示。

(12)基準線：繪圖時可選適當的地方作為基準線，以便量取尺寸或比較高程，如地平線、地板線、天花板線等。

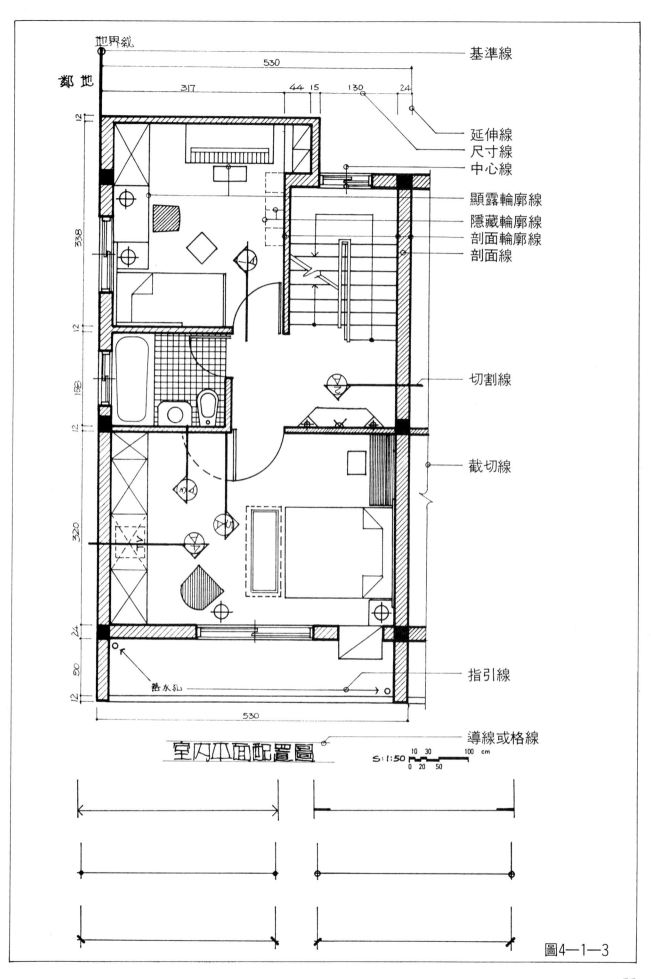

基準線
延伸線
尺寸線
中心線
顯露輪廓線
隱藏輪廓線
剖面輪廓線
剖面線

切割線

截切線

指引線

導線或格線

地界線
鄰 地

室內平面配置圖

S:1:50

圖4—1—3

75

4-1-4 線條粗細層次

　　製圖最常用的有針筆和鉛筆，針筆因有固定粗細之筆蕊，引繪線條時容易控制，至於鉛筆引繪線條時，其粗細之控制決定於多項因素，下節將詳述。因針筆和鉛筆特性不同，粗細層次的分別也不盡相同。

＊針筆：粗線0.4以上、中線0.4～0.2、細線0.2～0.1，單位㎜

＊鉛筆：粗線0.3以上、中線0.3～0.1、細線0.1以下，單位㎜

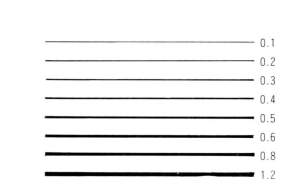

4-1-5 線條繪製方法

　　以鉛筆為例說明，鉛筆筆蕊著墨屬固態顯示，所含成份不同而有軟硬之分，由軟至硬依序是6H-H、F、B、2B-6B，製圖常用的有H、F、HB、B，細線選用H、F，中線選用F、HB，粗線選用HB、B。繪製方法及注意事項如下：

(1)為了使圖面易於辨識和生動美觀，線條須分出粗細層次，一般至少要有三種層次，線條的粗細層次決定於筆蕊粗細和著力輕重三項因素。以同樣的著力，軟筆著墨量將大於硬筆，硬筆引繪長線條時，由於著墨量較小，筆蕊粗細變化小而易於掌握，缺點則是畫粗線時，墨色過淡，而軟筆恰恰相反，所以通常繪製粗線時選用軟筆，細線則選用硬筆。

(2)為了確保第一原圖(描圖紙)的藍晒效果，除了裝飾線條外，其餘正式線條不管粗細，著墨皆應濃而紮實，這是一個很重要的觀念。因為有些人認為細線應較淡，筆者以為不妥，不管粗線或細線，下筆在不破壞紙張的前提下宜適度的著力。

(3)為了使線條粗細均勻，運筆時均應沿尺身向內側之著力轉動，一般人用右手引繪線條，畫橫線時筆應沿尺的上緣由左至右引繪，畫直線時筆沿尺的左緣由下向上引繪，為防止筆蕊斷裂，筆蕊不宜過長，握筆傾斜度也不宜過大，下筆和收筆宜微施壓停挫，以免線條虛逝著墨不均。

(4)線條以一次著墨為原則，一筆一劃明快簡捷，不宜來回重覆運筆，以免線條邊緣成鋸齒狀。但遇粗軟的線條時，線條邊緣難有多餘鬆散的殘墨虛附，如以較硬1-2階的筆蕊再加重繪一道，便可得油亮面而紮實之顯明線條，增進藍晒及複印效果。

(5)繪製正圖時，首先須打底淡而細，以能辨識為準，當圖面加重線完成時，底線毋須擦拭，筆蕊選用H、F為宜。由於鉛筆繪製線條各有其方便性，目前有繪圖者繪製施工圖時，取其兩者之優點，一張圖面同時採用兩種筆蕊繪製，效果頗佳。

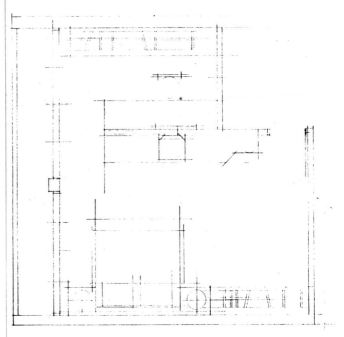

繪正圖時底線淡而細

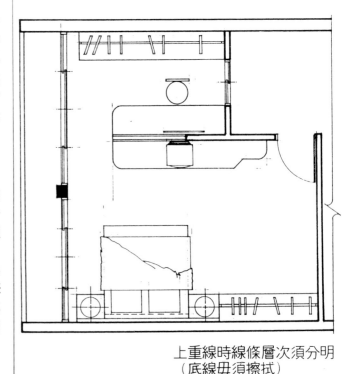

上重線時線條層次須分明
（底線毋須擦拭）

4-1-6 線條的組合

　　製圖可謂多方運用線條的組合，爲了使線條匡示成面，避免造成誤解或影響美觀，兩線相接時必予密接，線條的組合大致可歸納爲以下幾種方式：

(1)直接相交與相接，繪製時應特別注意接點的密接(圖4-1-4)。

(2)曲線相交與相切，通常先畫曲率大者(大圓弧)後畫曲率小者(小圓弧)相切兩線，應在切點處相合，成爲一單線條(圖4-1-5)。

(3)直線與曲線相接與相切，通常先畫曲線後畫直線，因直線接曲線比較容易。(圖4-1-6)。

(4)粗線與細線相接，應使邊緣保持平整，如窗櫺線與牆剖面輪廓線(圖4-1-7)。

(5)虛線與虛線接＆實線與虛線接(圖4-1-8)。

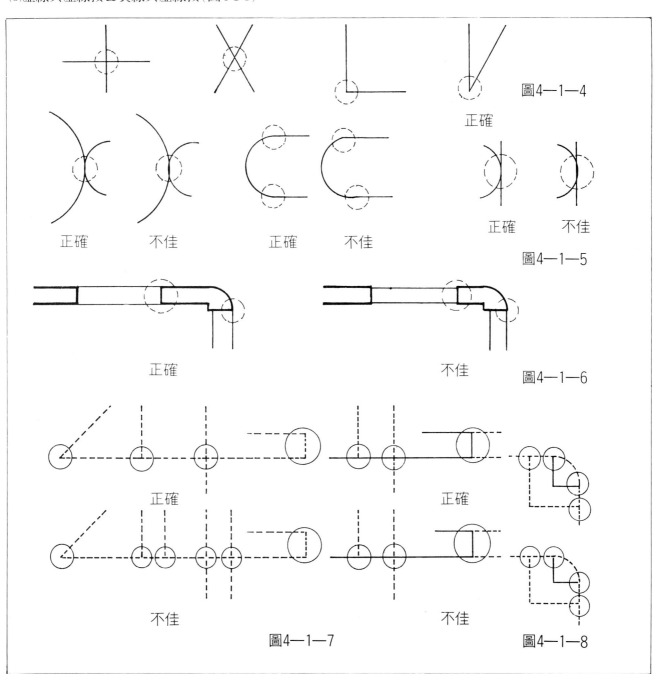

4-1-7 出線頭畫法

　　出線頭畫法顧名思義，就是線頭超出相接處，這種表現法生動富有韻致（圖4-1-9），繪製時出線頭畫法應保持統一，切勿有些密接，有些出線頭，其缺點是讀圖時容易造成困擾或誤解。初學者尚未熟練線條運用前，不宜輕試，以免適得其反。

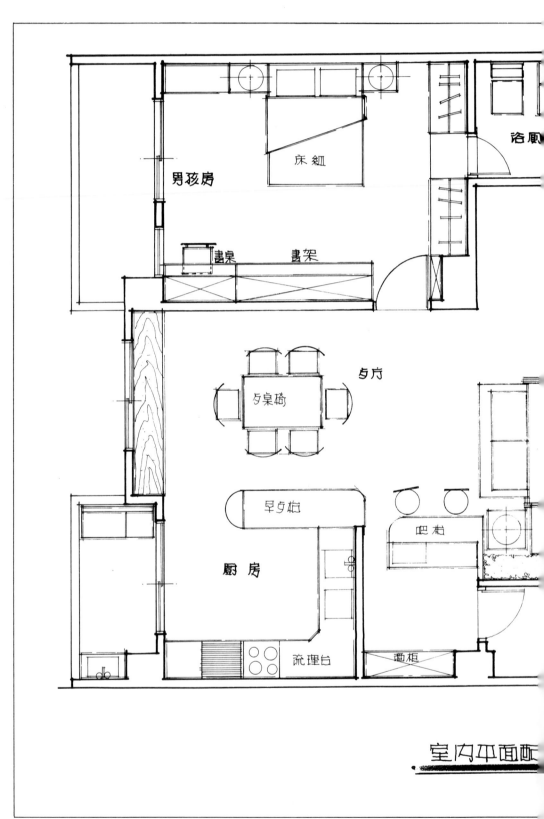

男孩房

床組

浴廁

書桌　書架

与房

与桌椅

早与柜

吧柜

廚房

流理台　酒柜

室內平面面

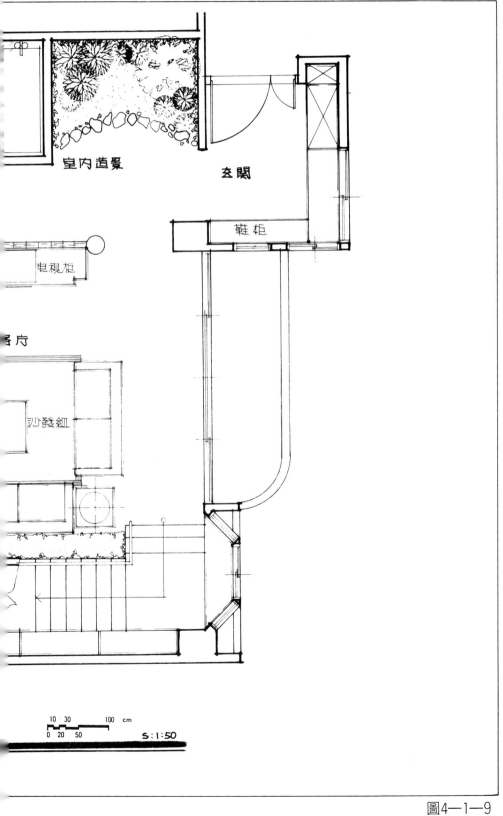

室内造景 玄関

電視柜

客庁

鞋柜

沙發组

10 30   100 cm

0 20 50

S:1:50

圖4—1—9

79

4-1-8 徒手畫

　　一般所稱的徒手畫有兩種方式，其一即絲毫不藉由任何器具，直接以目測取其大概之比例繪製（圖4-1-10）這種畫法，常在速記或繪製草圖及示意圖時使用，這種圖面比例關係僅供參考，並非正式圖面。另一種徒手畫法，將所要繪製之圖面先以工具繪出淡細線條之底線，後以徒手依著底線繪出重線或墨線，（圖4-1-11）其圖面符合比例關係，設計圖可以此法繪製。徒手畫具有手感，圖面生動活潑，惟繪製時手自然抖動幅度不能過大，其速度也不比以工具來得快。

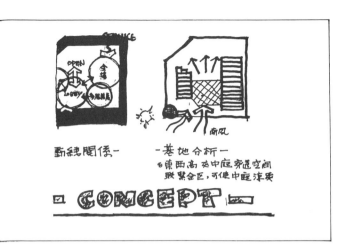

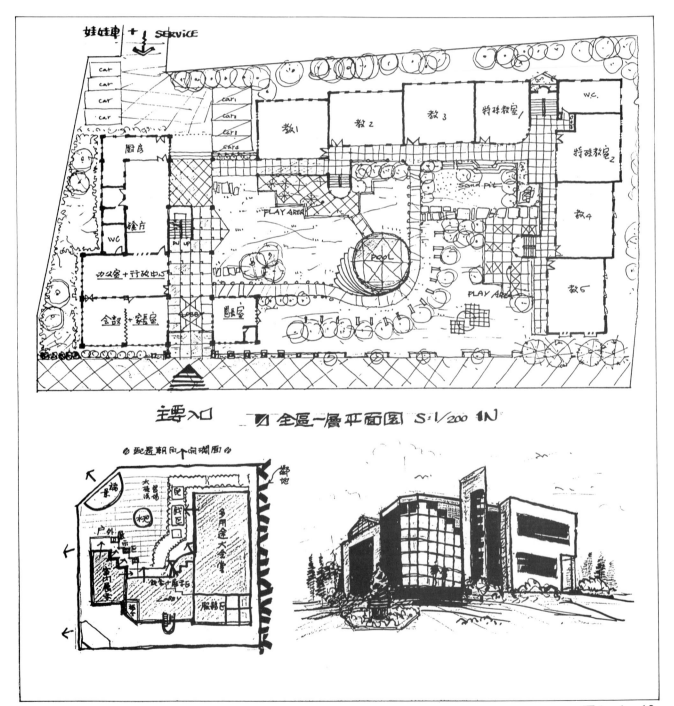

圖4—1—10

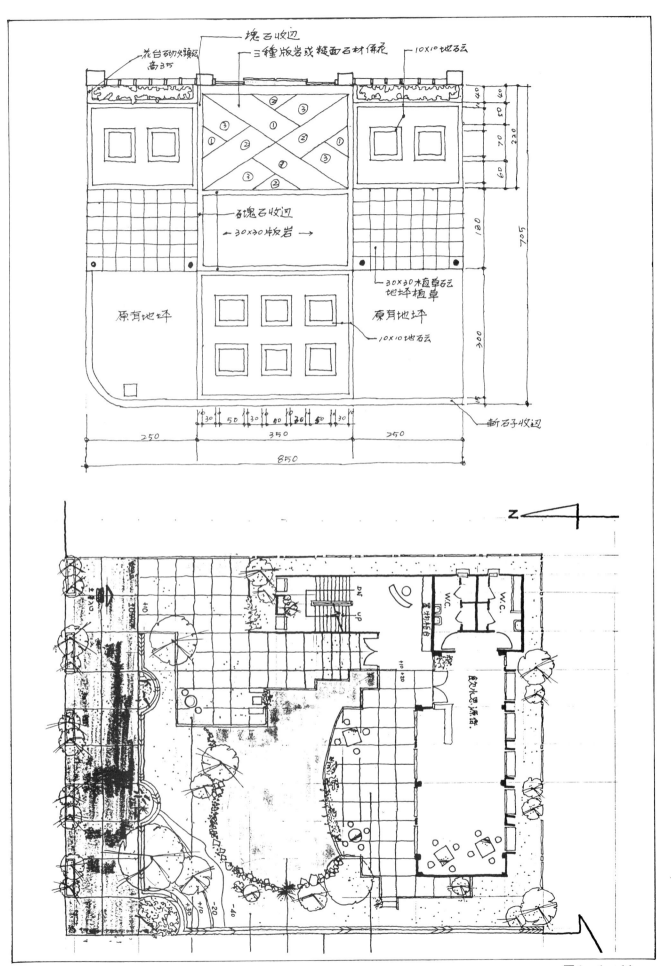

圖4—1—11

4-2 工程註字

在工程圖上的各種註字或數字都可稱為工程字，這些文字或數字在說明圖樣、標題、尺寸、材料色彩、施工要點及相關資料等。工程字可分成三類：(1)中文字(2)外文字，主要以英文為主(3)阿拉伯數字。

4-2-1 中文字

中文工程字最常用的字體是仿宋體，仿宋體究竟為何種字體？有很多人不甚清楚，必須予以適切地解釋和區別，在《文字造形》一書引用了各家說法：

(a)宋體字：「宋體字，近世流行刻書之字體也。北宋時彫刻出版，率為大小歐體字，以其架間平正，纖穠得中無跛踦肥短之病，字體最為適觀，後世謂之宋體字。」

(b)明朝體：「古書係能書之士，各隨其字體書之，無所謂宋體。」又以該字體為明隆慶時人所寫，傳至日本後，故日人稱之為明朝體。

(c)仿宋體：「仿宋字，印刷字體之一種，自明以來盛行方體膚廓字，雖仍以宋體字名之，而北宋歐體字之遺親，已改變殆盡，其後有仿照北宋歐體字之筆畫行款者，則稱之曰仿宋字。在清之世，仿宋字流行甚少，殆民國九年，錢塘丁氏根據武英殿聚珍版本，仿製北宋歐體字行世，又以仿宋字皆方體，特製長體以副之，設

聚珍書局於上海，仿宋字遂重見於世。」

工程註字，其字體多採用仿宋體，因其美觀勻稱，書寫方便，仿宋字有方仿宋體與長仿宋體兩種。初學者可依自己原有字體架構選擇合適的字體練習，如隸書體，甚至以個人富有特色之字體書寫，但不管用何種字體總不能脫離工整、清晰、美觀三項原則，為達成以上之原則，惟有勤加練習，別無捷徑。以下說明中文註字書寫要點及應注意事項：

(1)初學者為便於掌握和力求工整，最好先繪製導線或格線後依其書寫，每字以填滿格子為準。書寫時應心平氣和，速度不宜過快。

(2)字間及行間應保持適當距離，增加清晰美觀。

(3)一筆一劃，不宜來回重複塗寫，筆畫粗細均勻紮實，下筆勁節著實，轉折處及收筆處有勻整爽朗效果，至於筆畫之粗細須與字體大小配合，避免以細筆書寫大字或粗筆書寫小字。而字體之大小又應與圖面大小配合，並分出層次，如標題較大。

(4)同一套圖，字體應統一，同樣性質註字大小也應統一，應避免詭異不易辨識之字體。

(5)注意字體架構，先力求工整清晰，後求美觀，筆畫斜率不宜過大，直向及橫斜之筆畫，儘可能趨於垂直及水平，轉折及筆畫之末端可略加頓挫之筆觸。

長安不見使人愁　總為浮雲能蔽日　二水中分白鷺洲　三山半落青天外　晉代衣冠成古邱　吳宮花草埋幽徑　鳳去臺空江自流　鳳凰臺上鳳凰遊

在近代美學上美的範疇思想與類型思想是研究美的基本形態即討論美的內容差異或美的意識分別最高的一種統一概念而範疇思想乃主觀的表現類型思想的一種統一概念而範疇思的一種統一概念而範疇思的的歷史或現實的客觀事實為歷史或因後者為果所以在

現代仿宋體（印刷字）

○元徐州守將摳密同知陸聚望風即以所部徐宿二
州降 太祖命爲江淮行省叅政仍守徐州復爲書諭
吏民備述帝王行師之意及汝潁妖言惑衆之害元人
行師擾民之毒且云自丙午歲爲始凡民間稅粮差役
悉罷從寬令軍民各安生業母致驚疑自是民感激思
守元兵侵之不報○是月夏主明昇遣使來聘 上命
叅知政事蔡哲往報之實偵其國虛實形勝也哲挾畫

方仿宋體（鉛字）

央宮西南有池北海者言其津潤及廣三山關輔以漢書云建
章宮方丈北刻治大池石爲鯨魚長三丈漢記云建
建章萊方丈北刻治金石池象曰起三山雍以象瀛本州
蓬萊章圖蓬萊使植帝淳歸素女其鼓瑟延北濟有魚龍奇禽異獸之屬雍也邱也
詩馳名女宮鞠日欵食不會戲讙才太謂之遣天邱人鄲開淳天詰
臨淄通泰侯蒲博與賦諸王圖鞠未之央變宮爲周庚信二詩八今朝里好前風日遲
俗淄通徼植上博與數道文無與絡網比丛上文爲獻門以考度十八里前殿日金首
以傳友竹愛之數文無與詩王欵食日知而嘆笑蹇工始从近道古帝間
兩王修角勝菲前殿三豈輔黃蟄高木三十五丈央宮因
苑以五制十丈深至孝武文以高木三十五丈梁杜龍金首
山西以五十丈前殿至五武文以高木三十五丈梁杜龍金首
鋪右玉平戸黃華金爲璧璫雕楹以玉瑱玉重楙至其楹青玲瓏龍墀左

長仿宋體（鉛字）

手寫工程序

頭分六帶後昂由
栱廂角合頭裡
桁心正
栱萬心正帶昂頭正角搭
栱瓜心正帶翹頭正角搭
有廊廡殿木架橫斷面
歇山木架外面立面
栱萬材單帶昂頭閣角搭
較比斷縱山歇殿廡
桁檐挑
栱廂臂把
摘自清式營造算例及則例

圖中標明度量吩斗口爲單位
分件名稱未註明者參看圖版第叁
分件大小權衡見權衡尺寸表及掃圖
本圖吩單翹單昂五踩為例翹昂踩數
設計人可酌增減參看本文及圖版一
了斗口為搜架中至中距離
墊栱板厚0.3或.25斗口

住宅室內裝修設計央宮西南太液者言其津潤所及廣也關輔記云建章宮北以象北海刻石
六分木心板面貼美耐板衍商大樓牆建工程栓木皮染色鋁企口板实木封边鏡面不銹鋼花岡
岩拼色屋內灯具圖地坪10×10小口砭家具內裝施工詳圖在近代美學上美的範圍思想,風板配
研究美的基本形態空調平面图立面图剖面图三分夾板踢腳板卧室入口禾意小孩房浴室

住宅屋內裝修設計六分木心板面貼美耐板栓木皮染色而
实木封辺鏡面不銹鋼花岡岩地板拼色屋內灯具配線圖家
具內裝施工詳圖高密度泡棉面高級壁紙空調冷氣按裝位
置示意吩公尺表示龍門雀替勝頭豈非一念之間轉折處吩粗

住宅屋內裝修設計六分木心板面貼美耐板栓木皮染色建築
实木封辺高密度泡棉岩花研究立面图始物理環境環控制
室內灯具配線图統一中求變化初學者為便於掌握剖面詳图
筆画斜率不宜過大詭異不易分辨故明仿宋体隸書現表研

住宅室內空間裝修工程設計案業務主管建材施工使用方法明確表示等角
隔間隔平詳圖解說枱面貼栓木皮刷透明漆呈多變化現象配置圖彎曲面
孤形倒角無塵橡木質感表示法木作石材調噴砂玻璃鋁合金塑鋼木片門
四分夾板六分木心板高低層次分明會議室詳圖剖面張號圓柱椎類推
素描色彩淺深表現技法適度美化不致平淡單調彩繪雕刻磨砂地磚毯
樣品屋實木大樣斜頂天花兒童房書桌架吊櫃儲物架中庭景觀竭盡張力
密度受阻程度端景活動固定不規則孤線自由曲度流理台玻璃屋陽光系列
描繪工程註字力求清晰整齊新開發產品工程內容晰己所不欲勿施於人妄
當剖視背向立體平滑面捲形草地墊白米黃顏色著墨易難雜誌箱書報別刊
明朗暗淡粗細對比不分紛至杳來南非喜馬拉雅版岩晚霞挪威紅粉
彩茉莉白翠縷湘江蘇州金陵四分夾板六分木心板空心門圓形樓梯頂平
增擴地坪建設家園小橋流水人物畫像燈具配線空氣調節對流方向何
珍惜台灣可以視白壓克力主管辦公室屏風高程建築水景都市噴泉花園砌

千呼萬喚使出來猶抱琵琶半遮面
轉軸撥絃三兩聲未成曲調先有情
絃絃掩抑聲聲思似訴平生不得志
低眉信手續續彈說盡心中無限事
輕攏慢撚抹復挑初為霓裳後六幺
大絃嘈嘈如急雨小絃切切如私語
嘈嘈切切錯雜彈大珠小珠落玉盤
間關鶯語花底滑幽咽流泉水下灘
水泉冷澀絃凝絕凝絕不通聲歇別
有幽愁暗恨生此時無聲勝有聲。

4-2-2 英文字與阿拉伯數字

　　英文字阿拉伯數字可運用字規或徒手書寫，字規的英文字有羅馬體與義大利體，徒手書寫所運用的字體，約分羅馬式、哥德式的正直體、斜直體及義大利斜體，事實上很多外文書籍上之英文註字字體趨扁平，有如中文之隸書體。如圖：4—2—1

ABCDEFGHIJKLMNOPQRS
TUVWXYZ
abcdefghijklmnopqrstuvwxyz
1234567890

羅馬體
正體字

ABCDEFGHIJKLMNOPQRS
TUVWXYZ
abcdegfhijklmnopqrstuvwxyz
1234567890

羅馬體
斜體字

ABCDEFGHIJKLMNOPQRST
UVWXYZ
abcdefghijklmnopqrstuvwxyz
1234567890

哥德體
正體字

ABCDEFGHIJKLMNOPQRSTU
VWXYZ
abcdefghijklmnopqrstuvwayz
1234567890

哥德體
斜體字

86

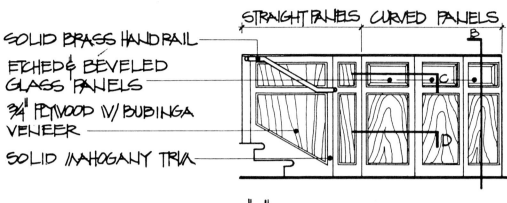

SOLID BRASS HANDRAIL

ETCHED & BEVELED
GLASS PANELS

3/4" PLYWOOD W/ BUBINGA
VENEER

SOLID MAHOGANY TRIM

STRAIGHT PANELS   CURVED PANELS

A.   "A" ELEVATION

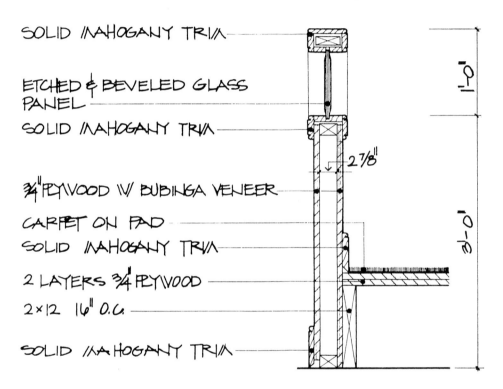

SOLID MAHOGANY TRIM

ETCHED & BEVELED GLASS
PANEL

SOLID MAHOGANY TRIM

3/4" PLYWOOD W/ BUBINGA VENEER

CARPET ON PAD

SOLID MAHOGANY TRIM

2 LAYERS 3/4" PLYWOOD

2×12 16" O.C.

SOLID MAHOGANY TRIM

2 7/8"

1'-0"

3'-0"

B.   "B" SECTION

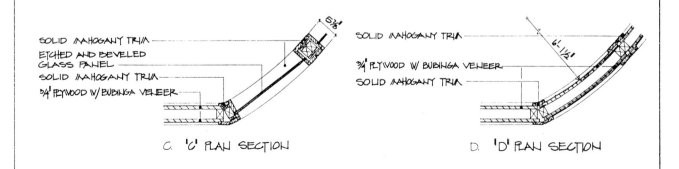

SOLID MAHOGANY TRIM
ETCHED AND BEVELED
GLASS PANEL
SOLID MAHOGANY TRIM
3/4" PLYWOOD W/ BUBINGA VENEER

C. 'C' PLAN SECTION

SOLID MAHOGANY TRIM

3/4" PLYWOOD W/ BUBINGA VENEER

SOLID MAHOGANY TRIM

D. 'D' PLAN SECTION

圖4—2—1   87

4-3 比例尺的運用與尺寸單位換算

4-3-1 比例尺的運用

中文的「比例」有兩種意義一

(1)比例(proportion)：這裡說的比例是一種量化的比較，科學上的比重、濃度、濕度可說都是一種比例關係，就是對量化的比較測定。「比例」可解釋爲部分與部分之間或部分與主體之間的比值關係。在「平面設計原理」中是很重要的一環。

(2)比例(尺)(scale)：這裡所指的比例是繪圖時依適當比例將實物的各種尺寸放大或縮少，以便繪製於特定的紙張上，不同的工程製圖須選擇適當的比例尺，一般稱比例尺比值小者爲比例小，比值較大者爲比例大，製圖時爲了要表達更詳細的尺寸時，須選擇比例尺較大者，因此，圖面的詳細程度決定於比例尺的選擇。繪圖時，有些細微的東西，雖選用了適當的比例尺，仍無法完全表達，但爲了表達清楚，線條的繪製有時並不完全符合比例尺的比例關係。

比例尺常見的表示法有Scale ：1/50，S：1:50，比例：1/50。

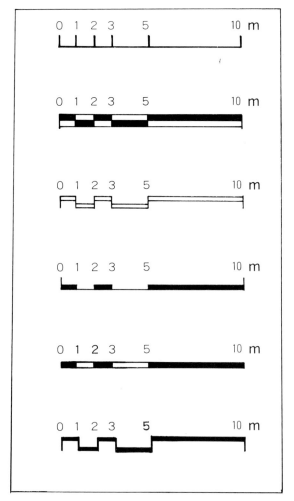

4-3-2 單位換算

一次方（長度）

公尺	公分	碼	呎	吋	台尺	台寸
1	100	1.09361	3.28084	39.37	3.3	33
0.91440	91.44	1	3	36	3.01752	30.1752
0.30480	30.48	0.33333	1	12	1.00582	10.0582
0.0254	2.54	0.02778	0.08333	1	0.08382	0.8382
0.30303	30.303	0.33140	0.99419	11.9303	1	10
	3.03				0.1	1

1台分(分)＝0.1台寸＝0.303公分

一次方（重量）

公斤	公克	台斤	台兩	磅
1	1000	1.6667	26.6667	2.2046
0.6	600	1	16	1.32277
0.45359	453.59	0.75599	12.0958	1

二次方（面積）

平方公尺	公頃	台甲	坪	平方台尺
1	0.0001	0.00010	0.30250	10.89
10000	1	1.03102	3,025	
9699.17	0.96992	1	2,934	
3.30579			1	36
0.09183			0.2778	1

三立方（體積）

立方公尺	材(材積)	立方台尺	立方台寸
1	359.37	35.937	
0.002782	1	0.1	100
0.02782	10	1	1000

第五章
實務製圖範例

5-1 辦公空間設計
5-2 大樓公共空間設計
5-3 住宅室內空間設計

第五章 實務製圖範例與實品圖例

5-1 化粧品公司辦公室設計：

　　在這一章裡，一共選定了三個方案，分別是辦公空間、大樓公共空間和住宅空間，這三個設計案各有其特質，請讀者自行比較。

面積：215平方公尺(65坪)
樓層：6F
辦公人數：18人
公司產品：含中藥成分之化粧品

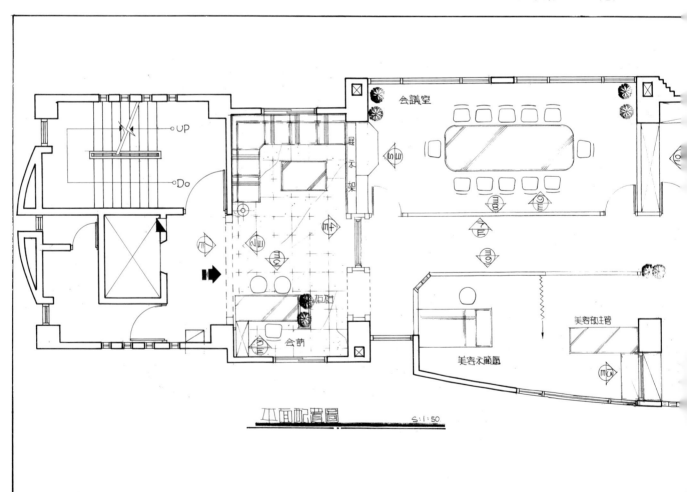

施　工　圖　明　細　表		
圖　　號	張　號	工　程　內　容
	1/10	平面配置圖
	2/10	天花詳圖&燈具配線圖
1/E2/E3/E	3/10	入口隔間&櫃台詳圖
4/E 5/E	4/10	玄關隔間詳圖
6/E	5/10	美容示範區隔間&隔屏詳圖
7/E 8/E15/E	6/10	會議室隔間&隔屏詳圖
9/E10/E11/E	7/10	會議桌&儲藏室儲物櫃詳圖
11'/E12/E 13/E	8/10	儲藏室工作台&美容師辦公區隔屏詳圖
14/E 14'/E	9/10	工作區工作台詳圖
	10/10	等角透視圖

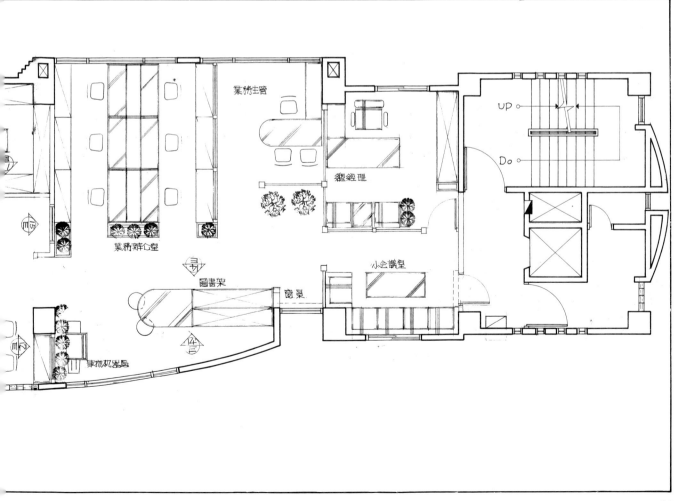

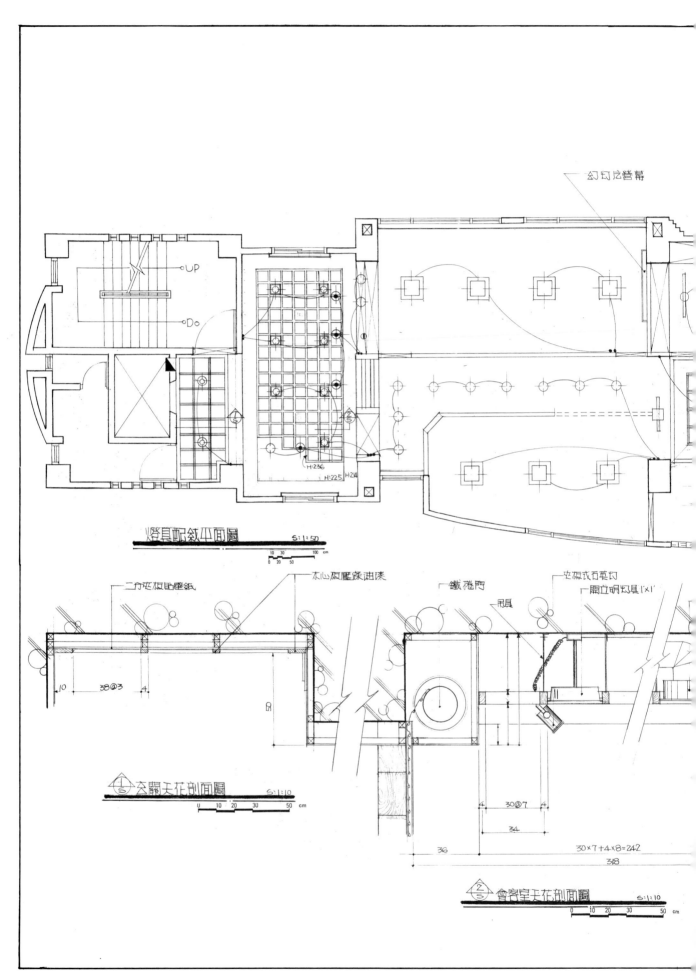

幻灯片营幕

燈具配気平面圖　S:1:50

二介延板貼壁紙　木心板歴條油漆　鐵捲門　夹板戎石英灯　開立明灯具1×1

玄關天花剖面圖　S:1:10

會客室天花剖面圖　S:1:10

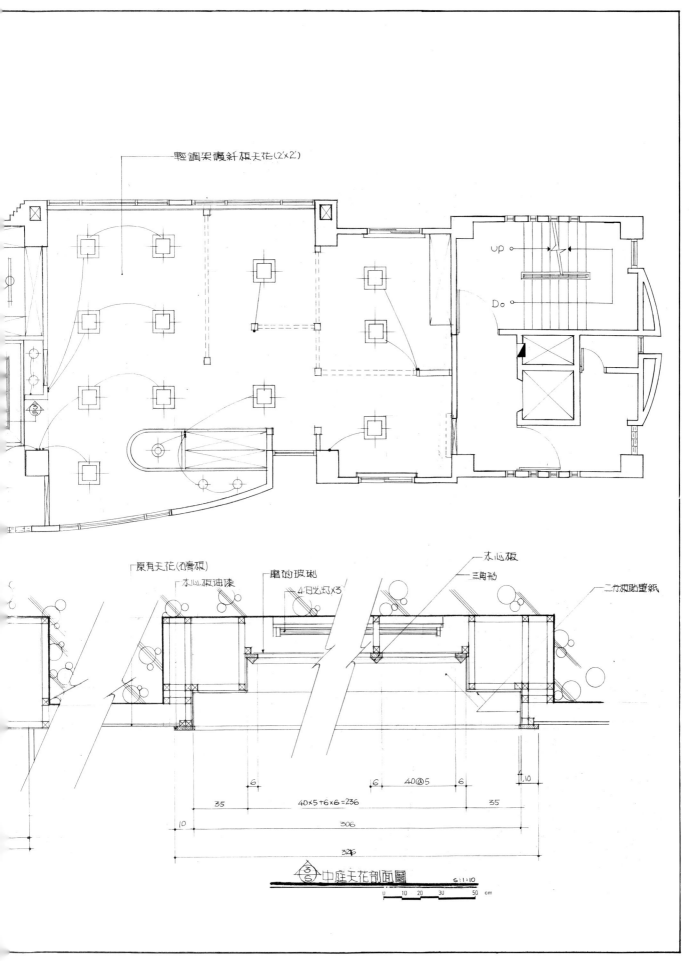

輕鋼架礦纖板天花(2'x2')

原有天花(石膏板)　　磨砂玻璃　　　木心板
木心板油漆　　　　4'日光燈x3　　　三角形
　　　　　　　　　　　　　　　二分夾板貼壁紙

6　　　40@5　　　6　　　,10
35　　　40x5+6x6=236　　　35
10　　　306
326

③/⑥ 中庭天花剖面圖　　S:1:10
0 10 20 30 50 cm

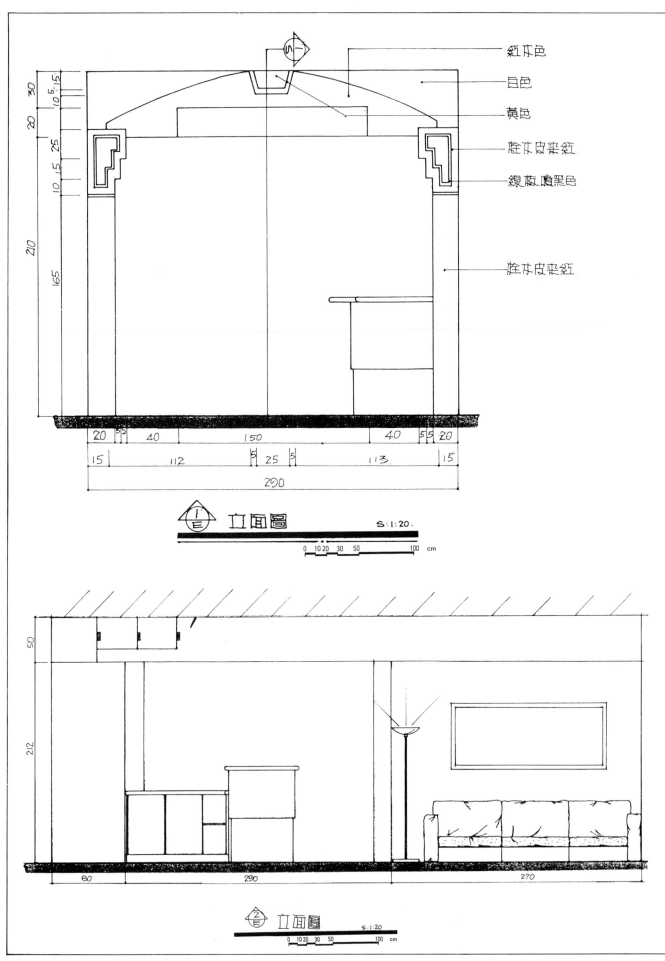

紅木色

白色

黃色

腔木皮染紅

線板噴黑色

腔木皮染紅

立面圖　　　S:1:20.

0　10 20　30　50　　　100　cm

立面圖　　S:1:20

0　10 20 30　50　　　100　cm

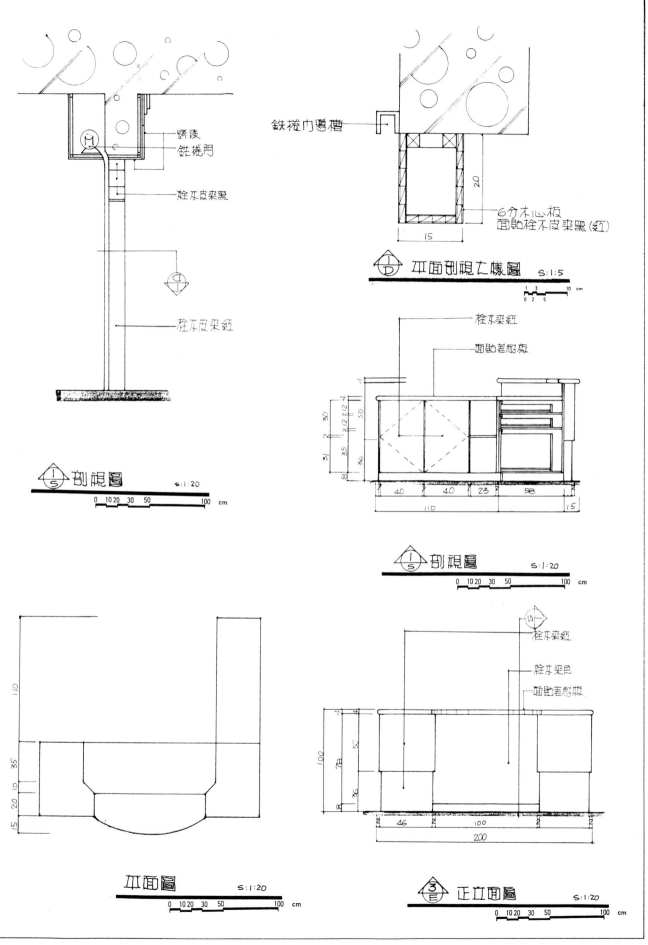

烤漆
鉄捲門

桂木皮染黑

桂木皮染紅

鉄捲門導槽

6分木心板
面貼桂木皮染黑(紅)

① D 平面剖視大樣圖　S:1:5

桂木染紅
面貼美耐板

① S 剖視圖　S:1:20

① S 剖視圖　S:1:20

平面圖　S:1:20

桂木染紅
桂木染色
面貼美耐板

③ E 正立面圖　S:1:20

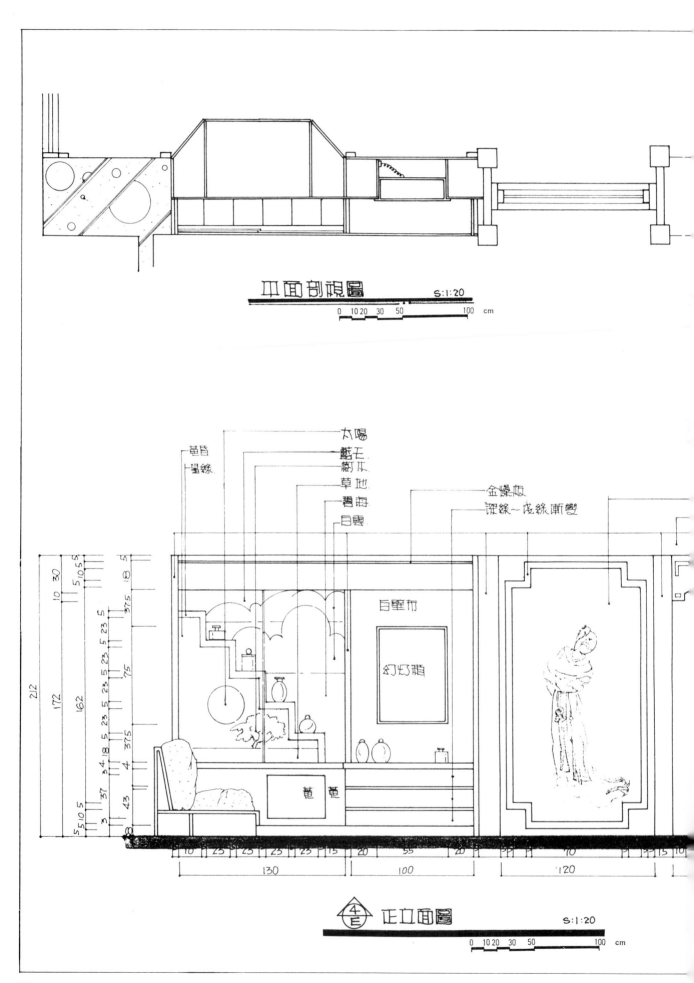

平面剖視圖　　　　S:1:20

0 10 20 30 50　　100 cm

太陽
藍天
樹木
草地
碧海
白雲

金燥版
深綠～淺綠漸變

黃昏
墨綠

白壁布

幻彩雕

萬壽

正立面圖　　　　S:1:20

0 10 20 30 50　　100 cm

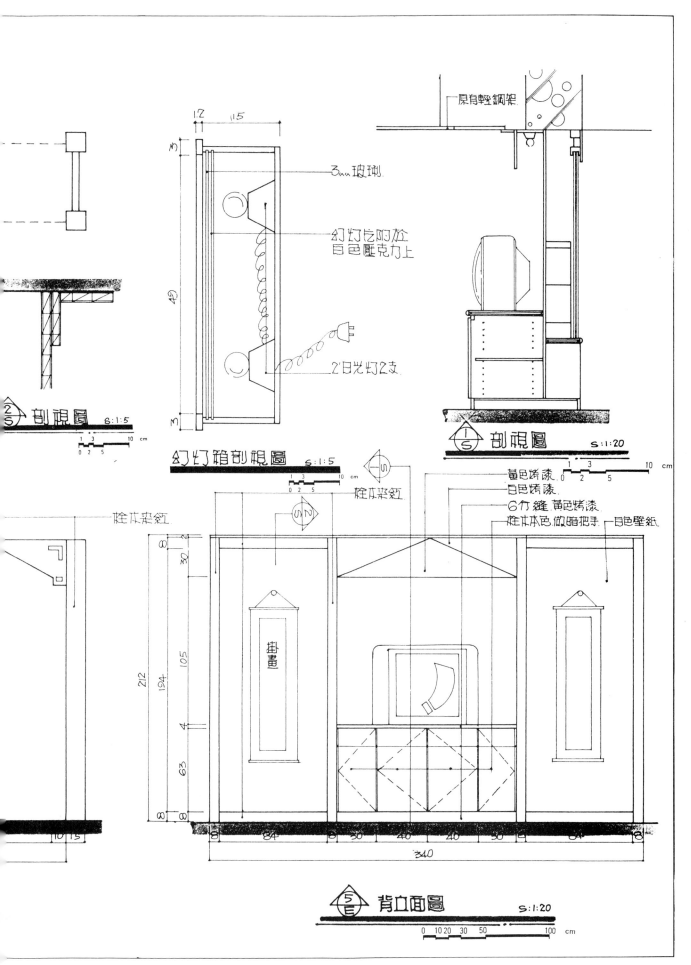

3mm 玻瑜

幻灯片附於
自色壓克力上

2'日光灯2支

原有輕鋼架

幻灯箱剖視圖   S:1:5

栓仁染紅

黃色烤漆
自色烤漆
6竹縫黃色烤漆
栓仁本色做暗把手 自色壁紙

栓仁染紅

掛畫

剖視圖   S:1:5

剖視圖   S:1:20

背立面圖   S:1:20

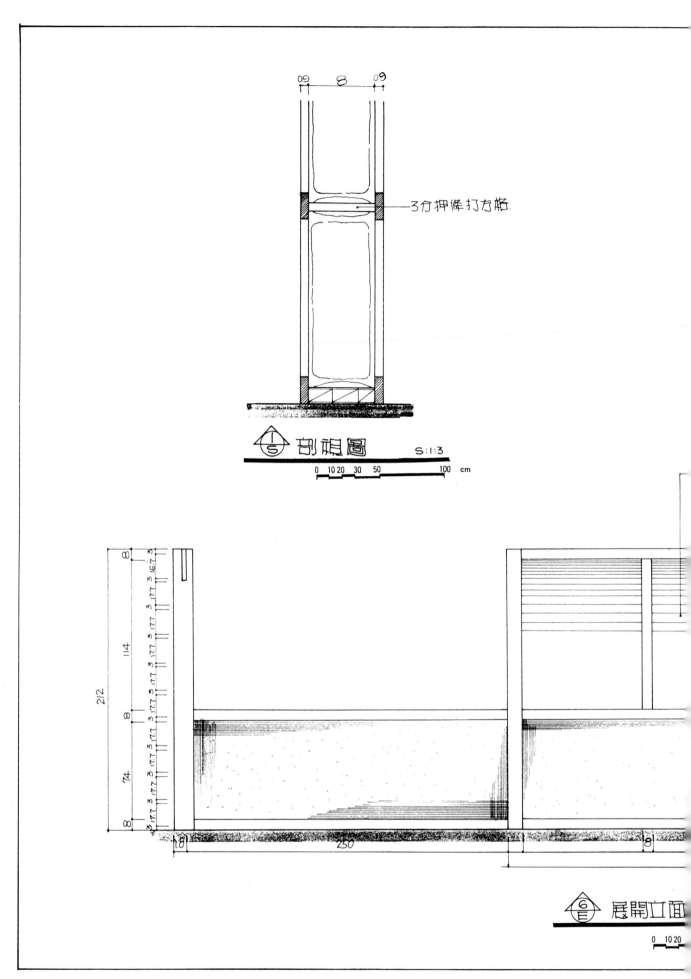

3分押條打方格

⑤ 剖視圖   S:1:3

0 10 20 30 50   100 cm

⑥ 展開立面

0 10 20

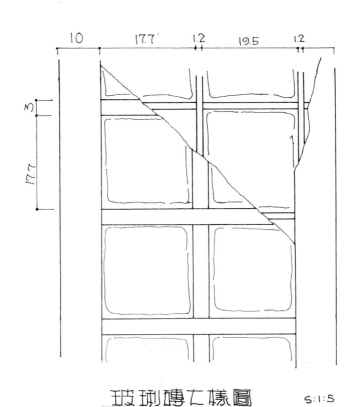

玻璃磚大樣圖　　　S:1:5

```
1  3        10  cm
0  2  5
```

―固定5mm玻璃內裝白葉窗布

―壁布(0A941)

20個玻璃磚19×19
(最後一格少1cm)

―青龍實木彫刻

―原有落地圖

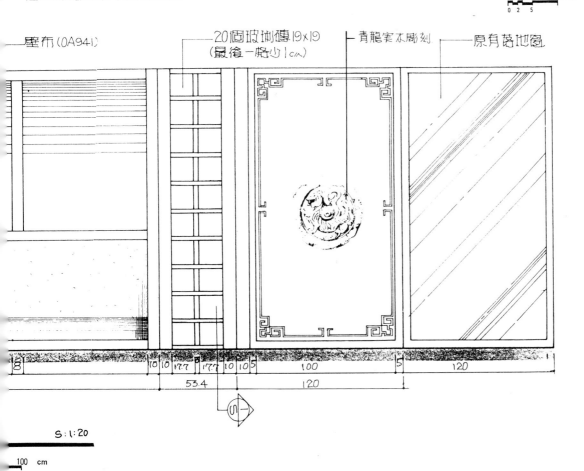

```
10 10 17.7  17.7  10 10 5        100            5         120
      53.4                        120
```

S:1:20

```
100   cm
```

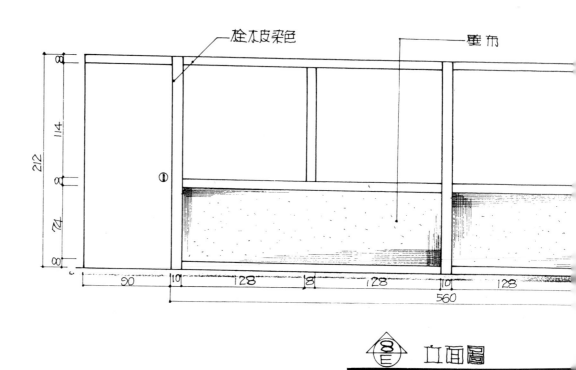

栓木皮柔色　　　　壁布

212　114　8　74　8

90　10　128　8　128　10　128

560

$\bigtriangleup$ 立面圖

10
0　20

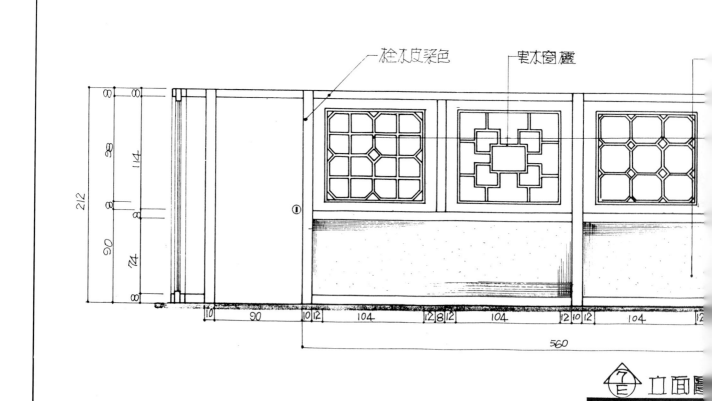

栓木皮柔色　　　　實木窗簾

8　8　98　114　8　8　90　74　8

212

10　90　10 12　104　12 8 12　104　12 10 12　104　12

560

$\bigtriangleup$ 立面圖

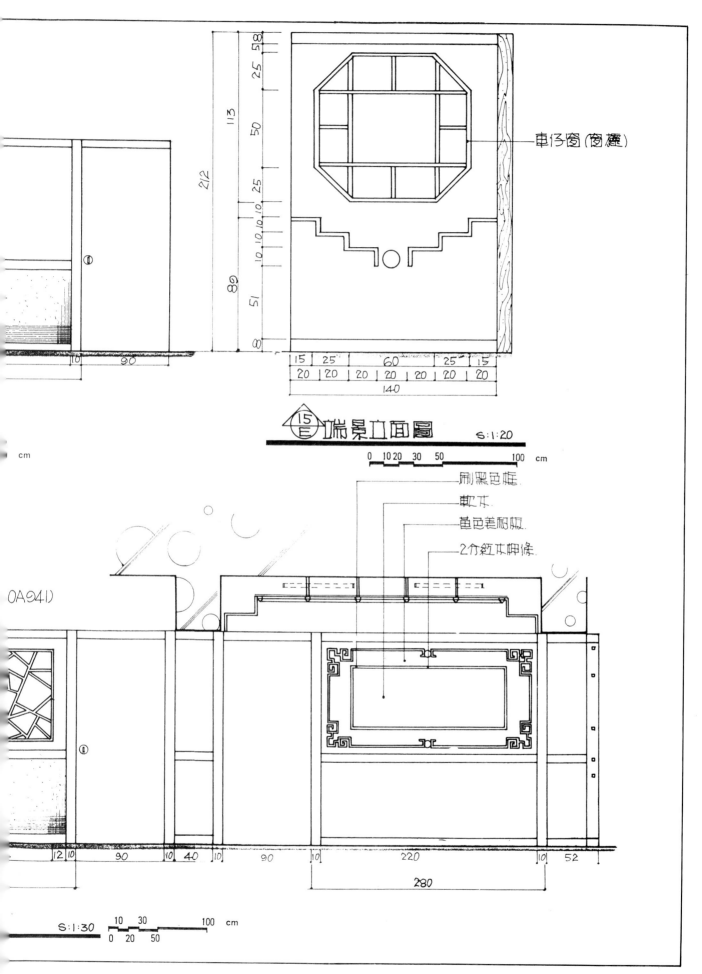

車仔窗（窗櫳）

58
25
113
212
50
25
10 10 10
80
51
8

15
2 端景立面圖   S:1:20

0 10 20 30   50   100 cm

90
10

刷黑色框
軟木
黃色美耐板
2分紅木押條

OA941

12 10   90   10 40 10   90   10   220   10 52
280

S:1:30   10   30   100 cm
        0 20 50

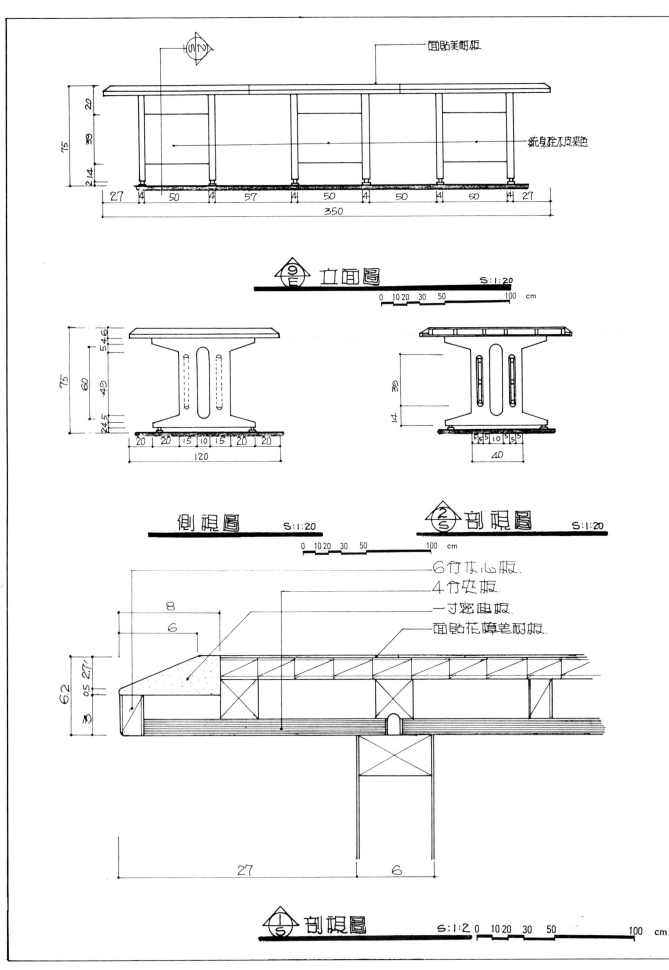

面貼美耐板.

統身崁不皮染色

20
39
75
2
14

27 4 50 4 57 4 50 4 50 4 50 4 27
350

⑨/Ⅲ 立面圖   S:1:20

0 10 20 30 50   100 cm

5 46
75
60 49
24 5

20 20 15 10 15 20 20
120

39
14

5 65 10 5 5
40

側視圖   S:1:20

②/S 剖視圖   S:1:20

0 10 20 30 50   100 cm

6介夾心版.
4介夾板.
一寸密迪板.
面貼花障毛耐板.

8
6

62
27
05
3

27   6

①/S 剖視圖   S:1:2 0 10 20 30 50   100 cm

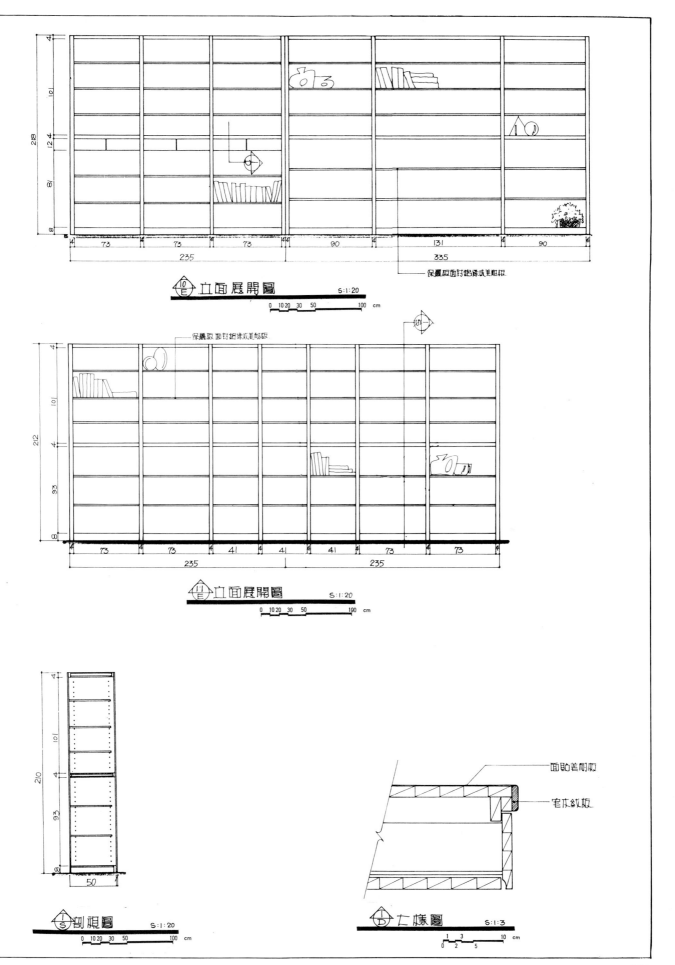

保護版面封鋁條或美耐版.

73　73　73　44　90　131　90
235　335

$\frac{10}{E}$ 立面展開圖　　S:1:20

0 10 20 30 50 100 cm

保護版面封鋁條或美耐版.

73　73　41　41　41　73　73
235　235

$\frac{11}{E}$ 立面展開圖　　S:1:20

0 10 20 30 50 100 cm

面貼美耐版.

宅化紋版.

50

$\frac{1}{S}$ 剖視圖　　S:1:20

0 10 20 30 50 100 cm

$\frac{1}{D}$ 大樣圖　　S:1:3

1 3 10 cm
2 5

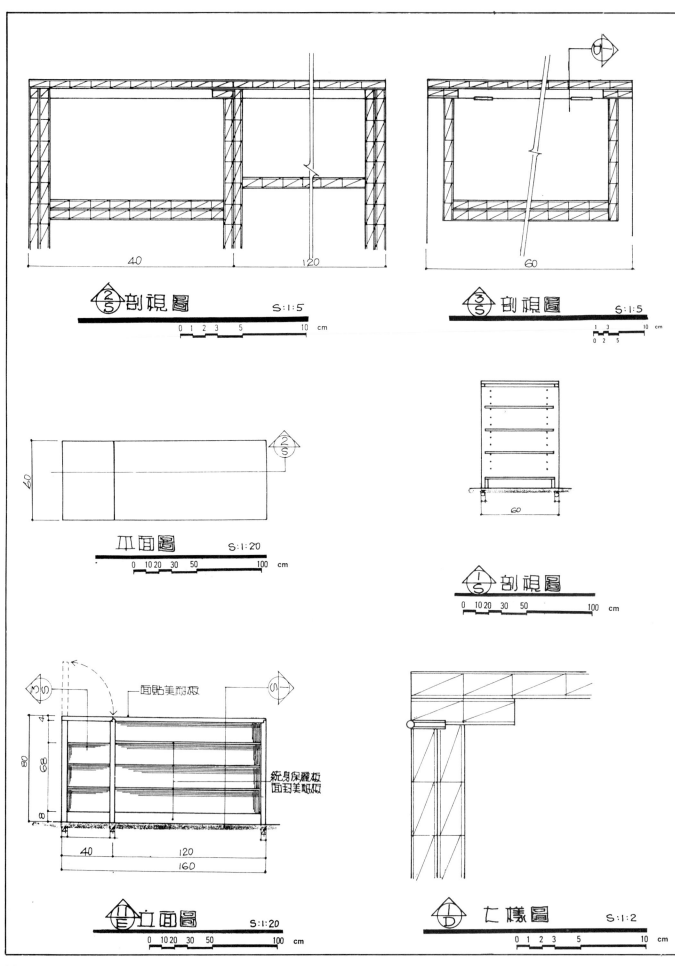

面貼美耐板

統身保麗板
面貼美耐板

$\dfrac{2}{S}$ 剖視圖　　S:1:5
0 1 2 3　5　　　　10 cm

$\dfrac{3}{S}$ 剖視圖　　S:1:5
1　3　　　　10 cm
0 2　5

平面圖　　S:1:20
0 10 20 30 50　　　　100 cm

$\dfrac{1}{S}$ 剖視圖
0 10 20 30 50　　　　100 cm

立面圖　　S:1:20
0 10 20 30 50　　　　100 cm

大樣圖　　S:1:2
0 1 2 3　5　　　　10 cm

40
120

60

60

80
68
8
40
120
160

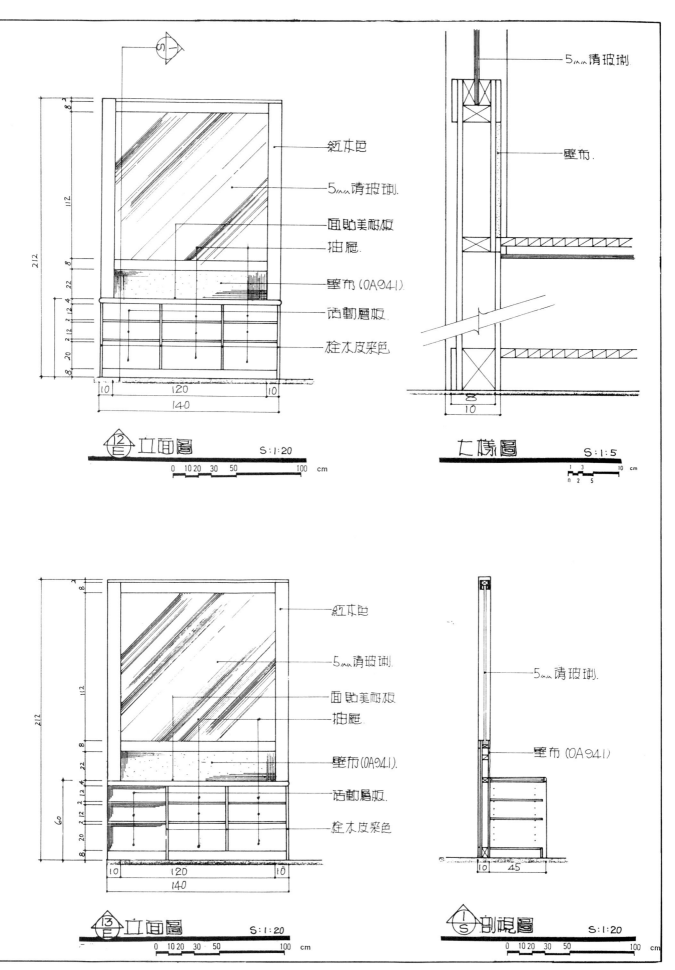

紅木色

5m/m 清玻璃.

面貼美耐板

抽屜.

壁布 (OA941)

活動層板

栓木皮染色

5m/m 清玻璃.

壁布.

壁布 (OA941).

212

112

8

22

12.4

2 12

2 12

20

8

10　　　120　　　10

140

⑫／E 立面圖　　　　S:1:20

0 10 20 30 50　　100 cm

大樣圖　　　　S:1:5

0 1 3　　　10 cm

212

112

8

22

12.4

2 12

2 12

20

8

60

10　　　120　　　10

140

⑬／E 立面圖　　　　S:1:20

0 10 20 30 50　　100 cm

10　45

①／S 剖視圖　　　　S:1:20

0 10 20 30 50　　100 cm

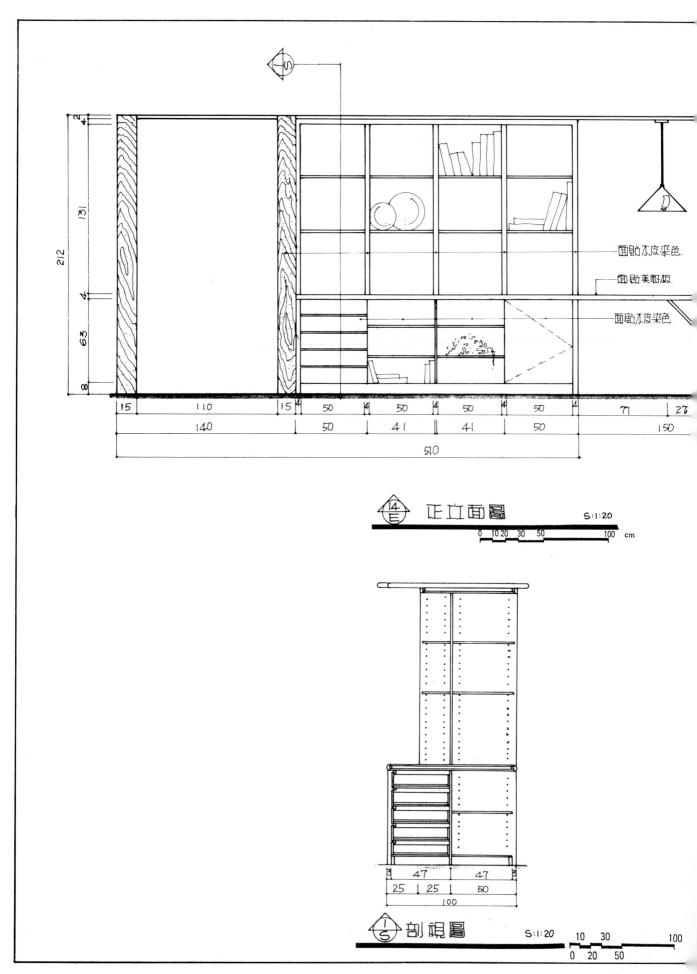

面貼木皮染色

面貼美耐板

面貼木皮染色

212

131

4

63

8

15 110 15 50 50 50 50 71 27

140 50 41 41 50 150

510

正立面圖 S:1:20

0 10 20 30 50 100 cm

47 47

25 25 50

100

剖視圖 S:1:20

10 30 100

0 20 50

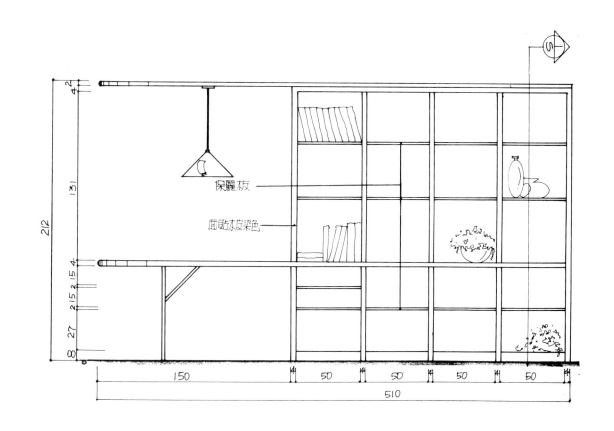

保麗板

面貼木皮染色

212

131

4

215 215

27

8

150   50   50   50   50

510

14' 背立面圖   S:1:20

0 10 20 30 50   100 cm

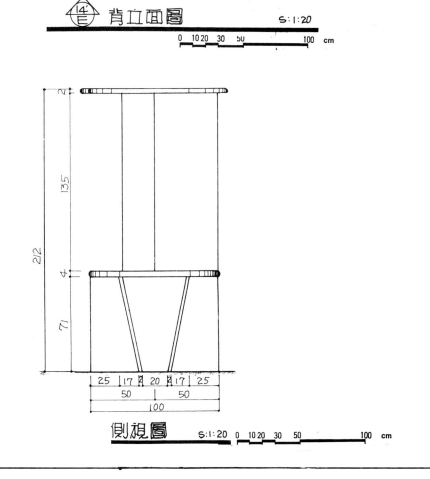

2

135

212

4

71

25 17 20 17 25

50   50

100

側視圖   S:1:20   0 10 20 30 50   100 cm

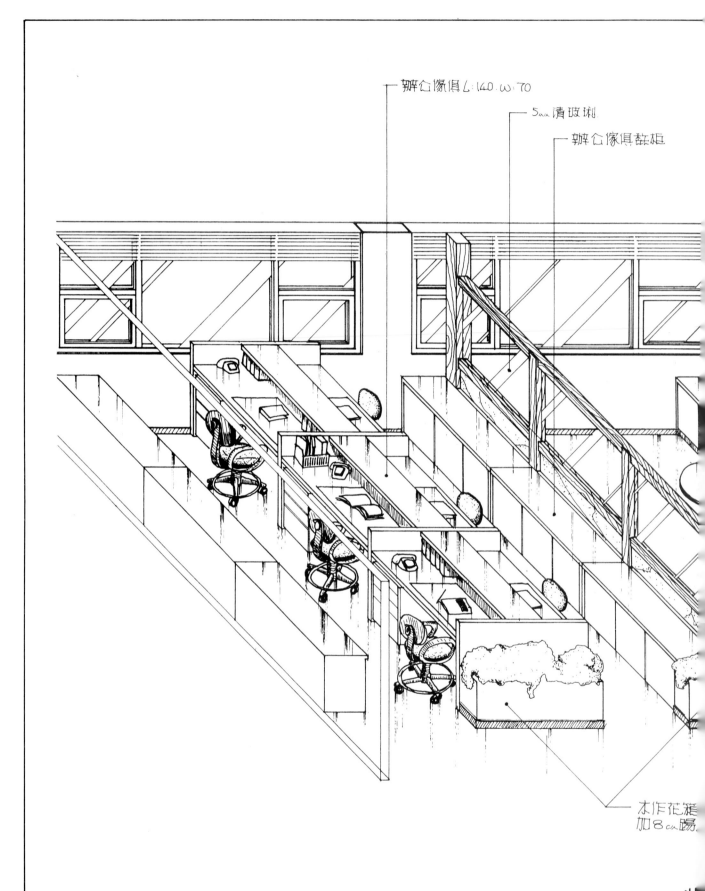

辦公傢俱 L:140. W:70

5mm 清玻璃

辦公傢俱龂櫃

木作花箱
加8cm踢

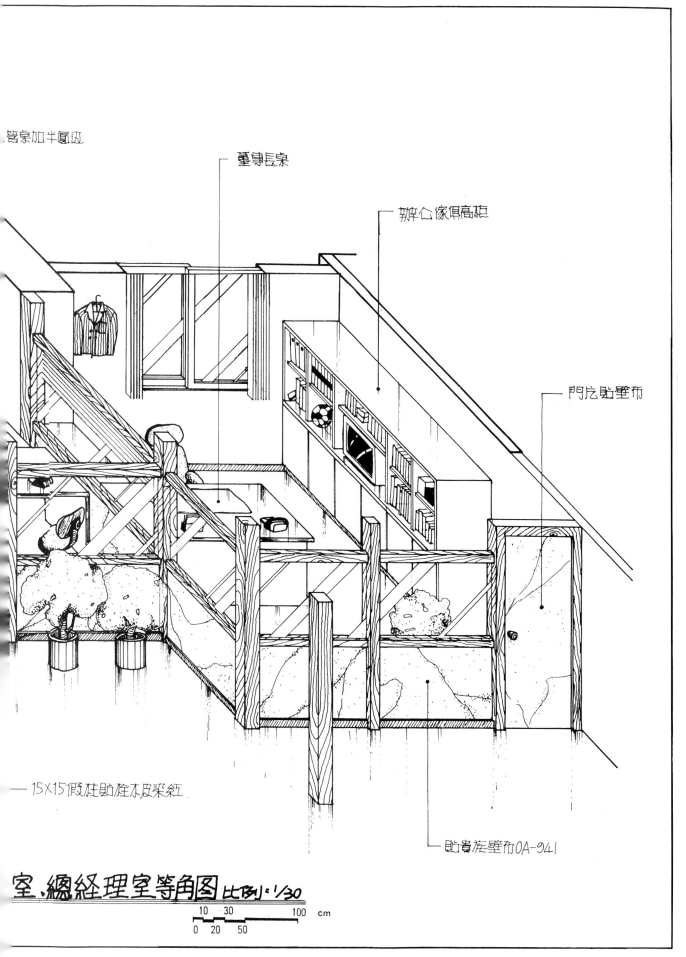

管桌加半圓边

董事長桌

辦公傢俱高柜

門片貼璧布

15×15假柱貼桎木皮柒紅

貼書桁璧布OA-941

室、總経理室等角図 比例：1/30

10　30　　　100　cm
0　20　50

5-2 大樓公共空間設計：

設計範圍：騎樓、門廳、各樓層電梯間
主要建材及飾材：天然石材
　　　　　　　　人造石材
　　　　　　　　不銹鋼
　　　　　　　　鏡面鋁板

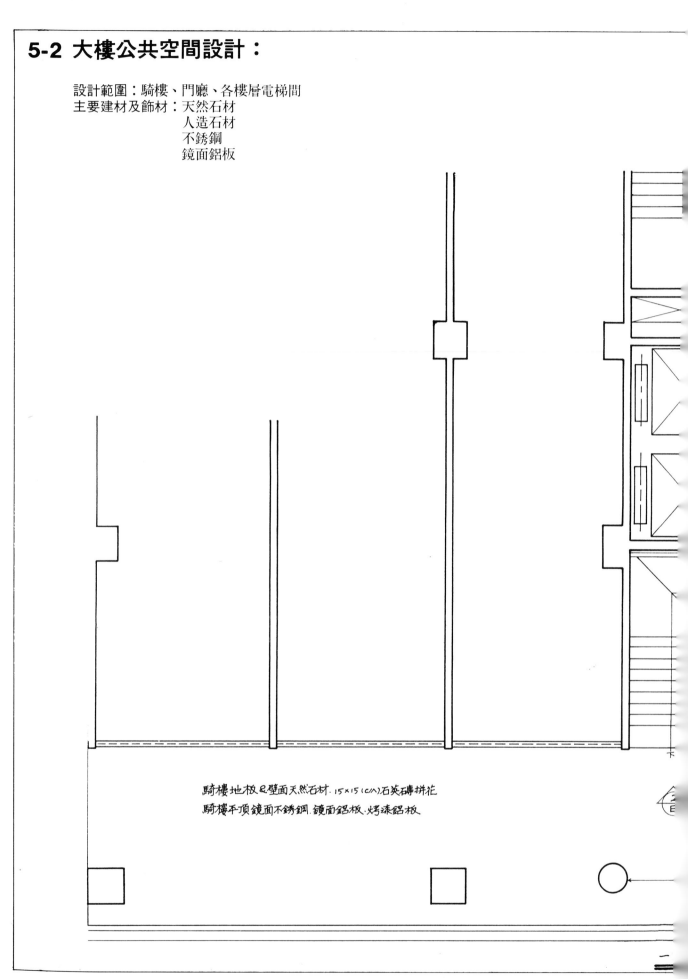

騎樓地板&壁面天然石材. 15×15 (c/m)石英磚拼花
騎樓平頂鏡面不銹鋼.鏡面鋁板.烤漆鋁板

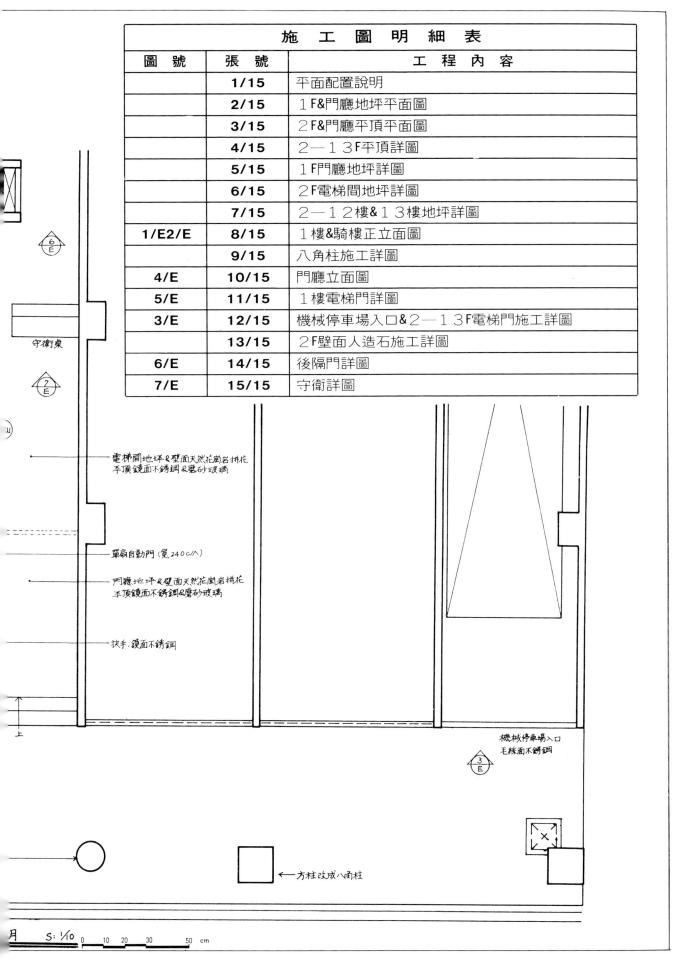

施　工　圖　明　細　表		
圖　號	張　號	工　程　內　容
	1/15	平面配置說明
	2/15	1F&門廳地坪平面圖
	3/15	2F&門廳平頂平面圖
	4/15	2—13F平頂詳圖
	5/15	1F門廳地坪詳圖
	6/15	2F電梯間地坪詳圖
	7/15	2—12樓&13樓地坪詳圖
1/E2/E	8/15	1樓&騎樓正立面圖
	9/15	八角柱施工詳圖
4/E	10/15	門廳立面圖
5/E	11/15	1樓電梯門詳圖
3/E	12/15	機械停車場入口&2—13F電梯門施工詳圖
	13/15	2F壁面人造石施工詳圖
6/E	14/15	後隔門詳圖
7/E	15/15	守衛詳圖

守衛桌

電梯間地坪&壁面天然花崗岩拼花
平頂鏡面不銹鋼&電砂玻璃

單扇自動門 (寬240c/h)

門廳地坪&壁面天然花崗岩拼花
平頂鏡面不銹鋼&磨砂玻璃

扶手.鏡面不銹鋼

上

機械停車場入口
毛絲面不銹鋼

方柱改成八角柱

月　S: 1/10　0　10　20　30　50 cm

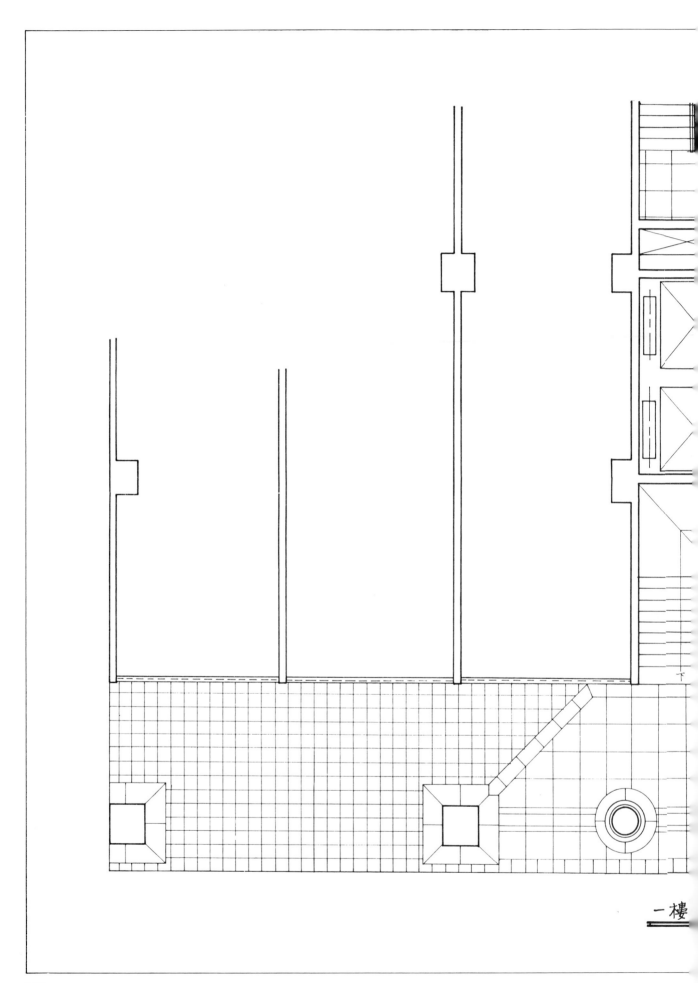

一樓

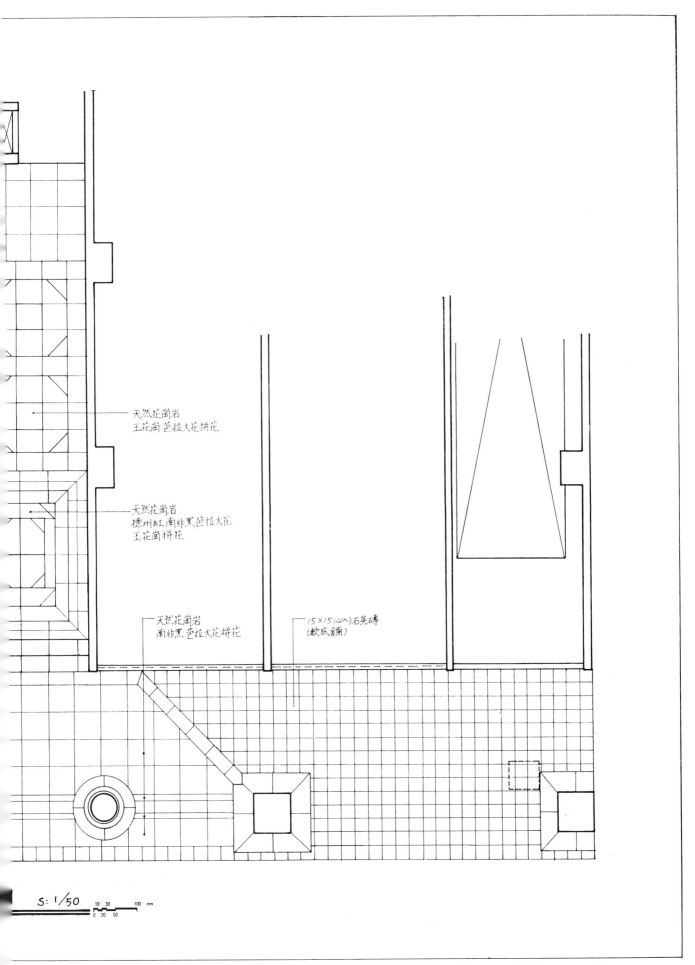

天然花崗岩
王花崗芭拉大花拼花

天然花崗岩
德州紅南非黑芭拉大花
王花崗拼花

天然花崗岩
南非黑芭拉大花拼花

15×15(公分)石英磚
(軟底舖用)

S:1/50

10 30   100 cm

0   20 50

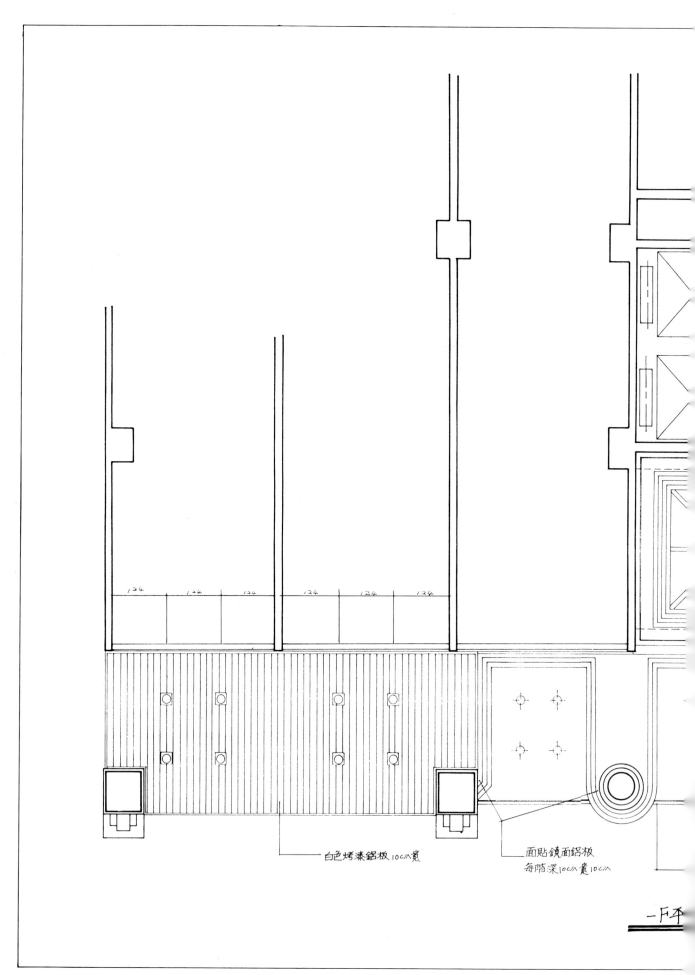

124　124　124　124　124　124

白色烤漆鋁板10c/m寬

面貼鏡面鋁板
每階深10c/m寬10c/m

一尺平

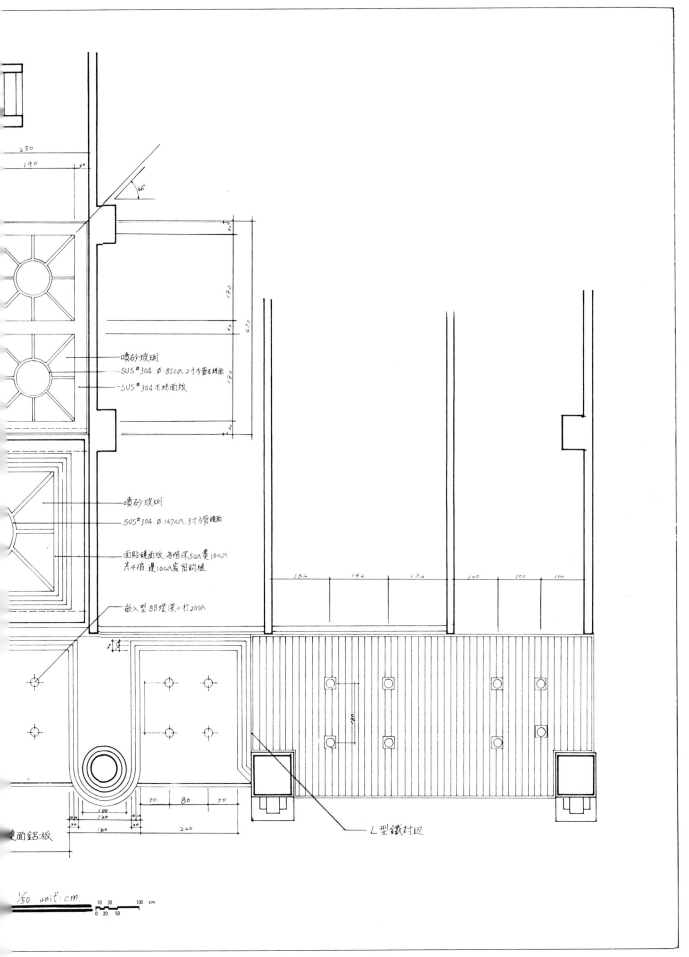

噴砂玻璃
SUS#304 Ø·85cm 2寸方管毛絲面
SUS#304 毛絲面板

噴砂玻璃
SUS#304 Ø·167cm 3寸方管鏡面

面貼鏡面板,每階深5cm寬10cm
共4階 邊10cm底留鉤縫

嵌入型 88燈深小於20cm

L型鐵封边

面鋁板

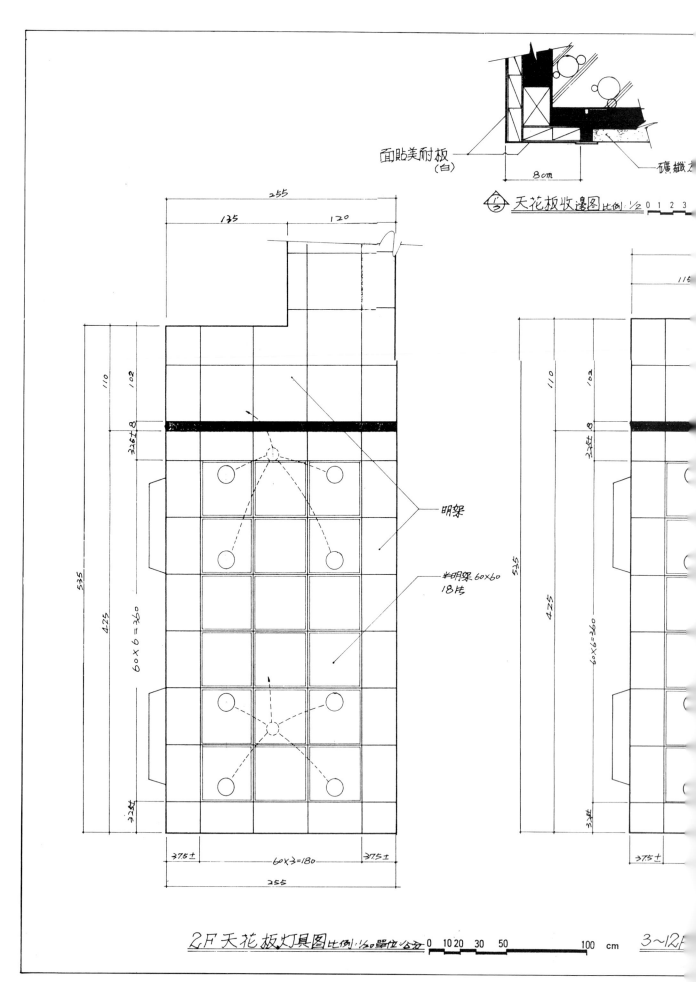

面貼美耐板
（白）

礦纖スー

$\frac{1}{2}$ 天花板收邊圖 比例 $\frac{1}{2}$ 0 1 2 3

8cm

255

135   120

110   102

226±8

535

425

60×6=360

325±

375±   60×3=180   375±

255

明架

半明架60×60
18片

2F天花板灯具圖 比例 $\frac{1}{20}$ 單位：公分   0 10 20 30 50   100 cm   3~12F

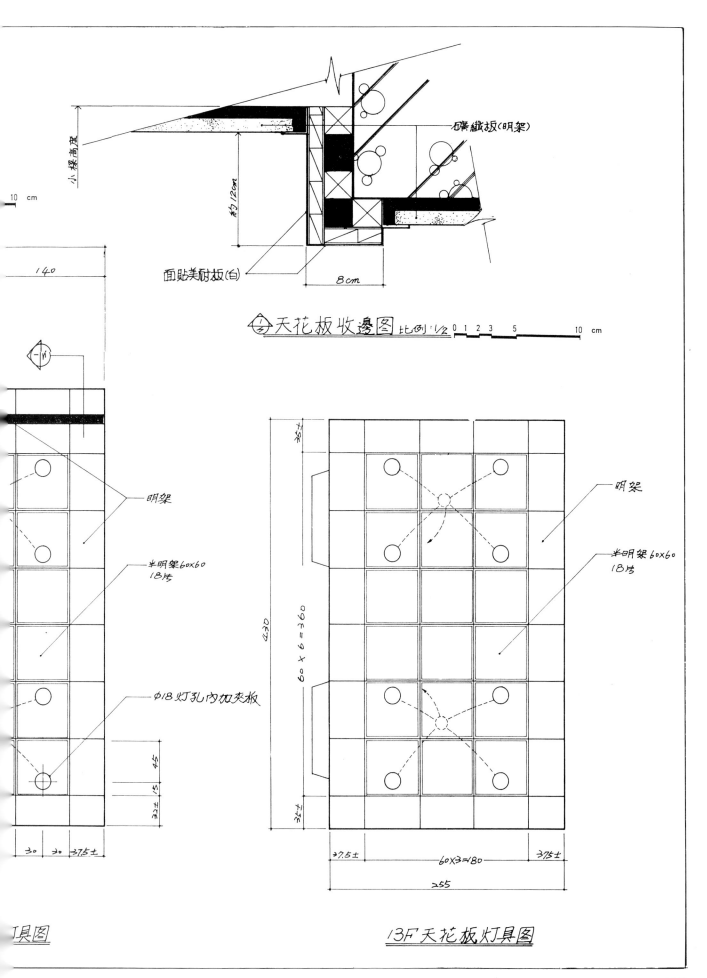

礦織板(明架)

小樓高度

約12cm

面貼美耐板(白)

8cm

10 cm

今 天花板收邊图 比例 1/2 0 1 2 3 5   10 cm

140

明架

半明架60×60
18片

Φ18灯孔内加夾板

明架

半明架60×60
18片

60 × 6 =360

430

9.5±

7.5±

37.5±   60×3=180   37.5±

255

30 30 37.5±

32± 15 45

俱图

13F'天花板灯具图

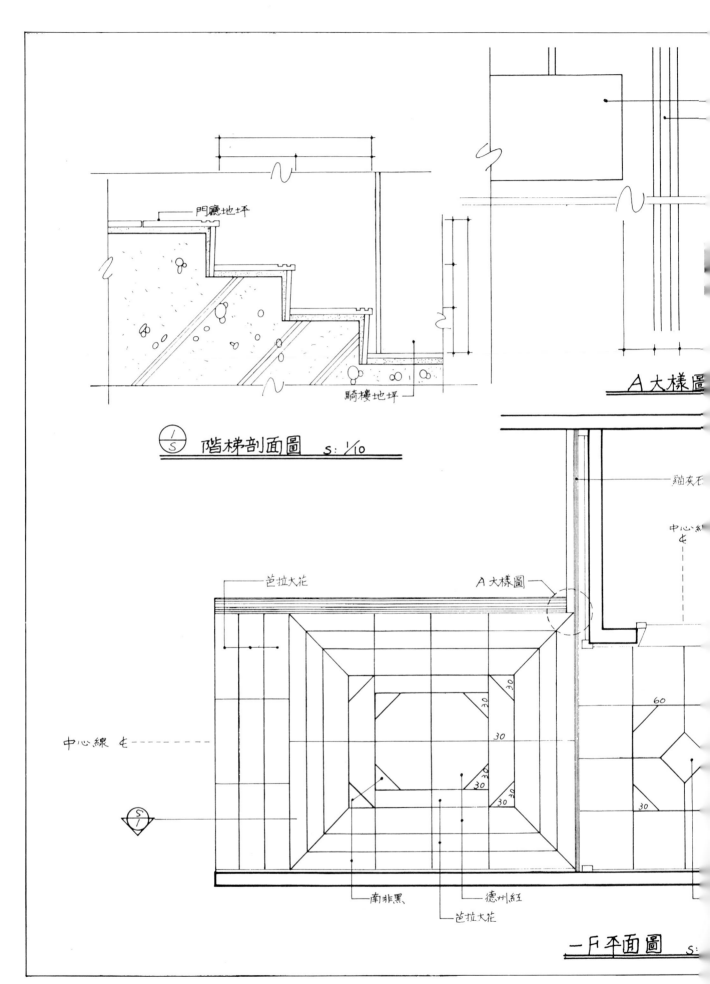

門廳地坪

騎樓地坪

階梯剖面圖　S: 1/10

A 大樣圖

貓灰石

中心線

芭拉大花

A 大樣圖

中心線

30

30

30

30

30

30

60

30

南非黑

德州紅

芭拉大花

一F平面圖

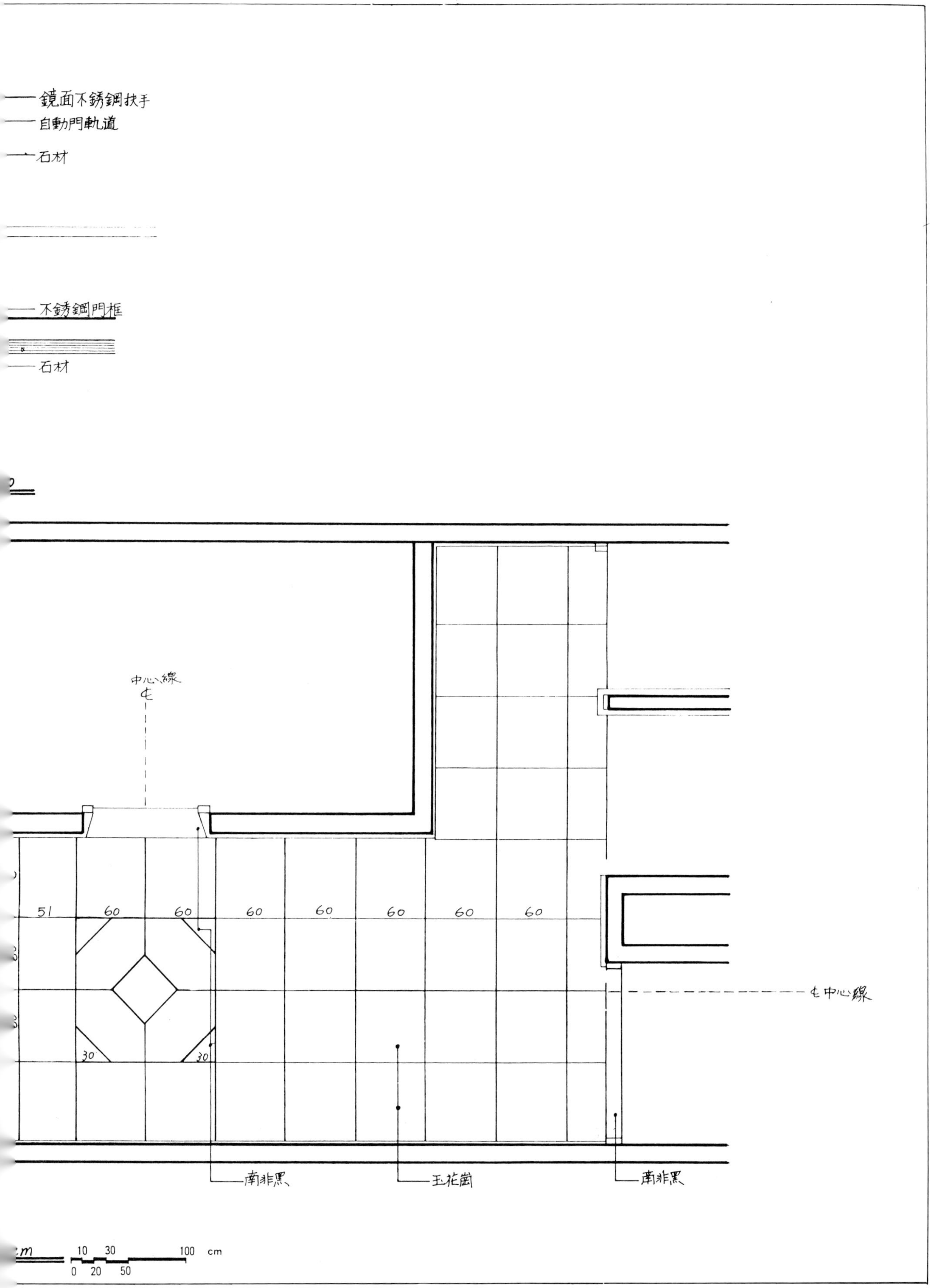

鏡面不銹鋼扶手

自動門軌道

石材

不銹鋼門框

石材

中心線
ᐜ

51 60 60 60 60 60 60 60

30   30

ᐜ 中心線

南非黑   玉花崗   南非黑

m   10 30   100 cm
        0 20 50

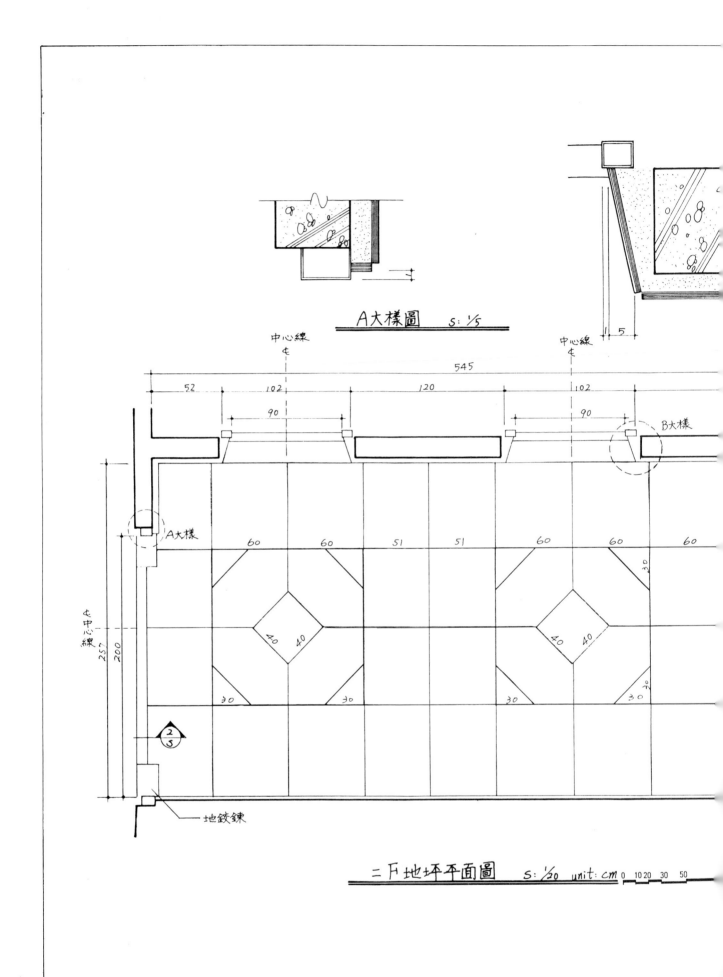

A大樣圖　　S: 1/5

中心線

中心線

545

52　　102　　120　　102

90　　90

B大樣

60　60　51　51　60　60　60

A大樣

40　40

40　40

30　30　30　30

中心線

257　200

2/5

地鉸鍊

二Ｆ地坪平面圖　　S: 1/20　unit: cm　0 10 20 30 50

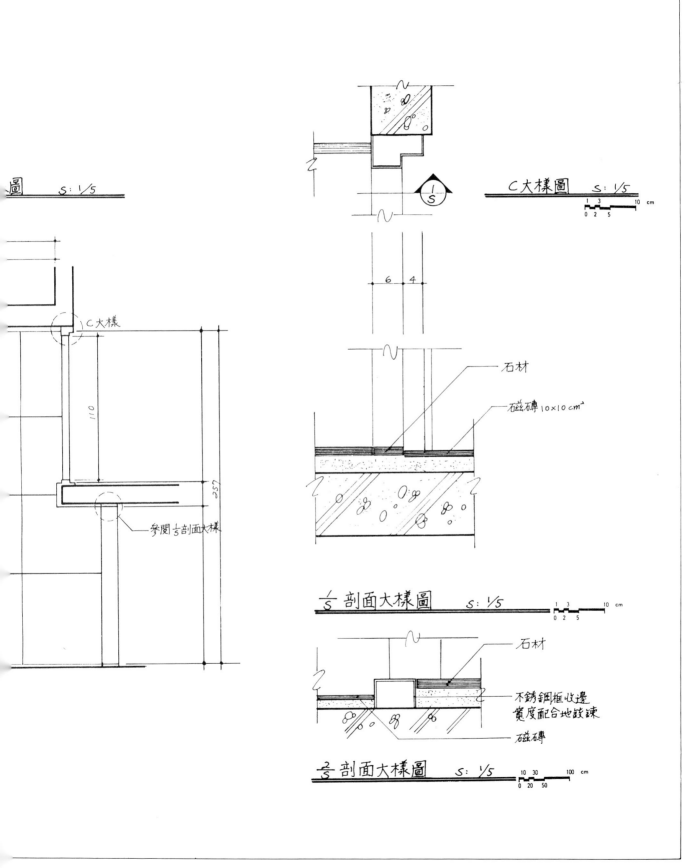

圖　　S: 1/5

C大樣

C大樣圖　　S: 1/5

| 1 | 3 | | 10 cm |
| 0 | 2 | 5 | |

6　4

石材

磁磚10×10 cm²

1/5 剖面大樣圖　　S: 1/5

| 1 | 3 | | 10 cm |
| 0 | 2 | 5 | |

參閱1/5剖面大樣

110

257

石材

不銹鋼框收邊
寬度配合地鼓鍊

磁磚

1/5 剖面大樣圖　　S: 1/5

| 10 | 30 | | 100 cm |
| 0 | 20 | 50 | |

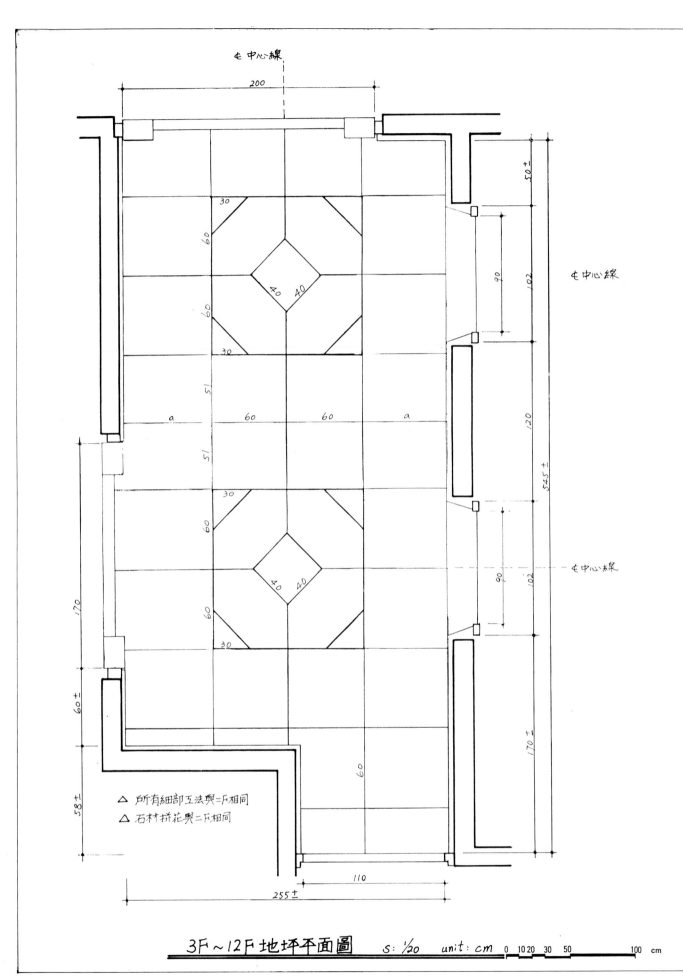

△ 戶所有細部工法與二F相同
△ 石材拼花與二F相同

3F〜12F地坪平面圖   S: 1/20   unit: cm   0 10 20 30 50 ———— 100 cm

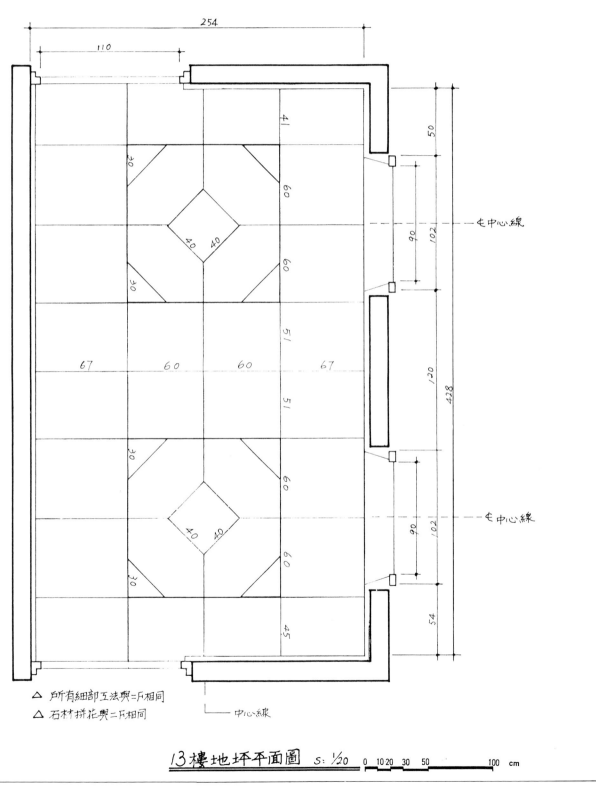

254

110

41

30

60

50

40 40

30

60

90

102

中心線 ⴑ中心線

67   60   60   67

51

120

428

51

60

30

40 40

30

60

90

102

中心線 ⴑ中心線

54

45

△ 所有細部工法與二F相同
△ 石材拼花與二F相同

中心線

13樓地坪平面圖 S: ¹⁄₂₀   0 10 20 30   50   100 cm

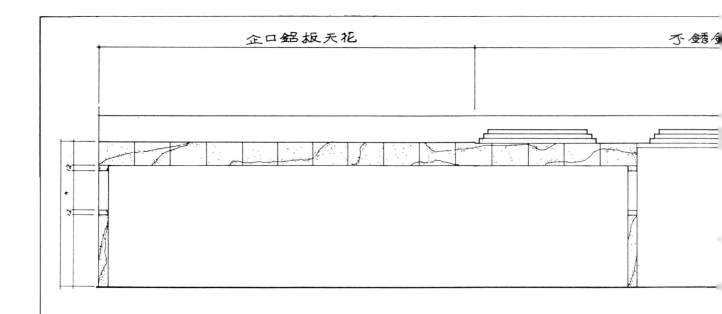

企口鋁扳天花

不鏽金

$\frac{2}{E}$ 騎

(參照圖-02立面圖)

$\sim$N

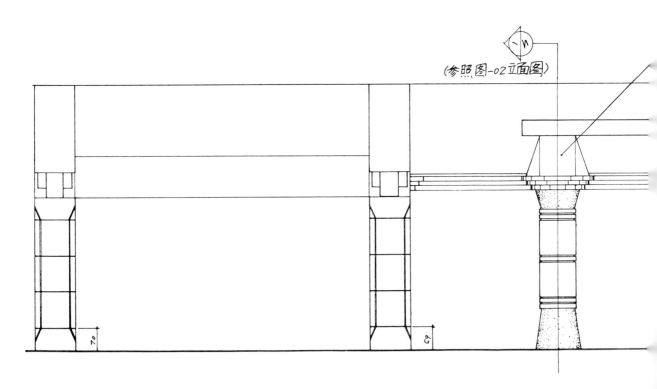

$\frac{1}{E}$ 正立面圓柱,方

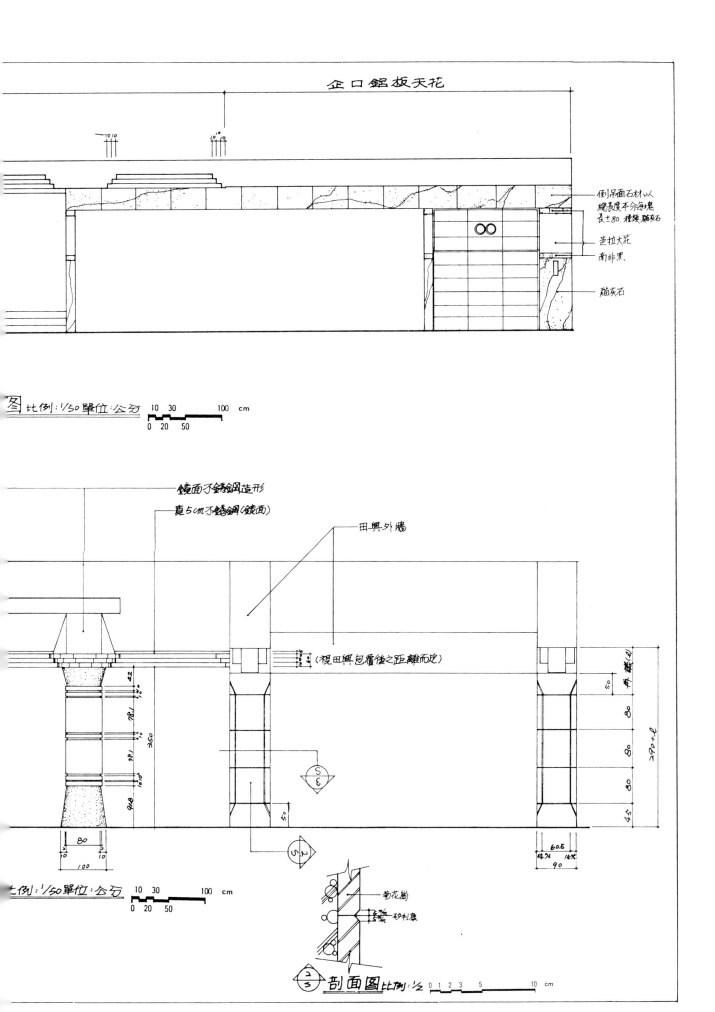

企口鋁板天花

倒吊面石材以
總長度平分每堤
長±80.種類貓夾石

芭拉大花

南非黑

貓夾石

圖 比例:1/50 單位:公分   10 30   100 cm
                        0 20   50

鏡面不銹鋼網造形

寬5cm不銹鋼網(鏡面)

田興外牆

(視田興包覆後之距離而定)

比例:1/50 單位:公分   10 30   100 cm
                     0 20 50

菊花磚

矽利康

剖面圖 比例:1/2   0 1 2 3   5   10 cm

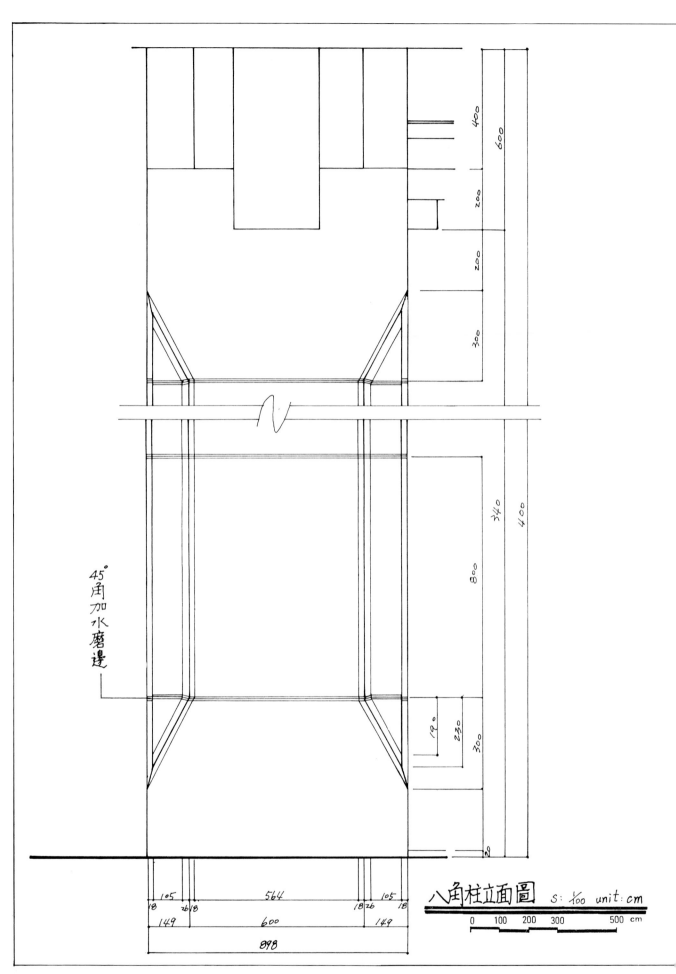

45°角加水磨邊

八角柱立面圖　S: 1/100　unit: cm

0　100　200　300　　500 cm

600

400

200

200

300

340

400

800

190

230

300

105　564　105

18　26 18　18 26　18

149　600　149

898

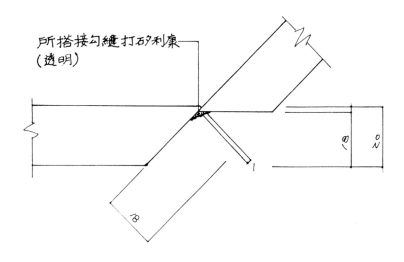

所搭接勾縫打矽利康
(透明)

△ 原有方柱四周打除 11c/m
△ 石材選擇菊花崗

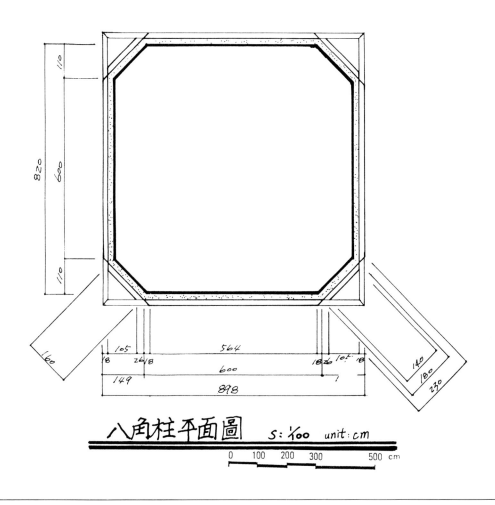

八角柱平面圖　S: 1/100　unit: cm

0　100　200　300　　500 cm

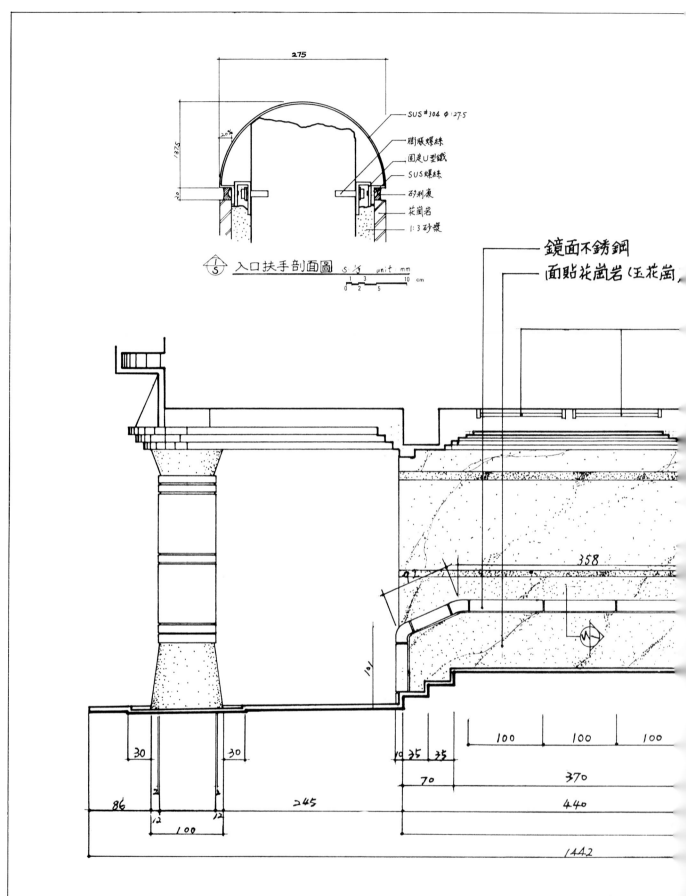

275

SUS#304 φ:27.5

腊眼螺絲

固定U型鐵

SUS螺絲

矽利康

花崗岩

1:3砂漿

入口扶手剖面圖 s 1/3   unit : mm

1   3   10
0   2   5   cm

鏡面不銹鋼

面貼花崗岩（玉花崗

358

30   30

86   245

12   12

100

10 35 35

70

100   100   100

370

440

1442

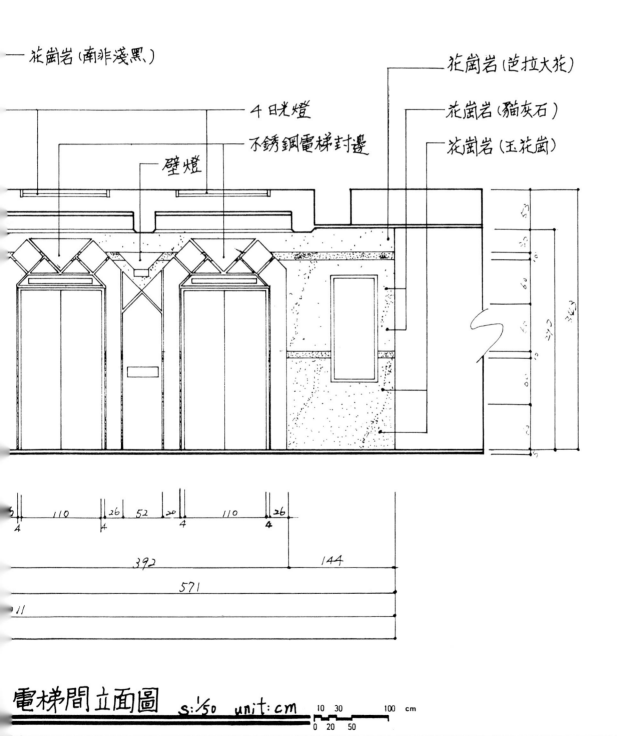

花崗岩(南非淺黑、)

花崗岩(芭拉大花)

4日光燈

花崗岩(貓灰石)

不銹鋼電梯封邊

花崗岩(玉花崗)

壁燈

電梯間立面圖　s:1/50　unit:cm

110　　26　52　20　　110　　26
4　　　4　　　　4　　　　4

392　　　　　　　144

571

10　30　　　100　cm
0　20　50

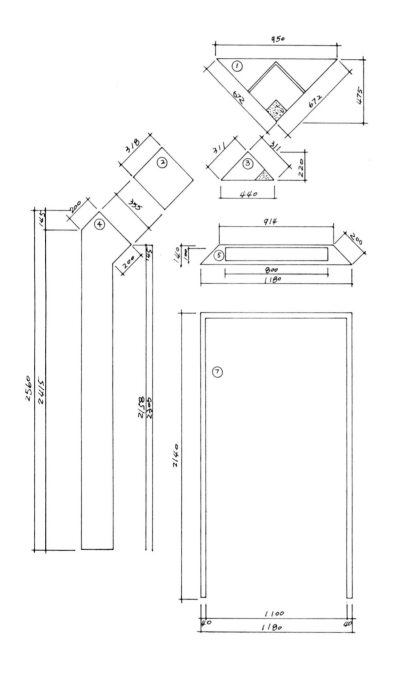

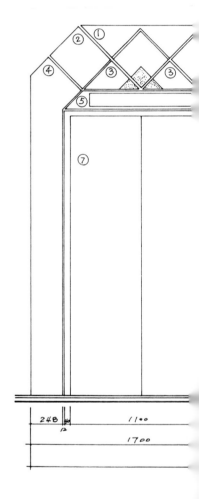

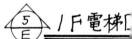

950

① 672 672 475

318 ② 355 311 ③ 311 220

200 445 ④ 440

200 445

2560 2415 2158 2200

914 200 140 ⑤ 800 1180

⑦

2140

1100 1180 40 40

⑦ 1100 1700 248 12

⑤/E 1F 電梯

△ 電梯口材質為20mm厚
　鏡面不銹鋼
△ 端面寬18mm

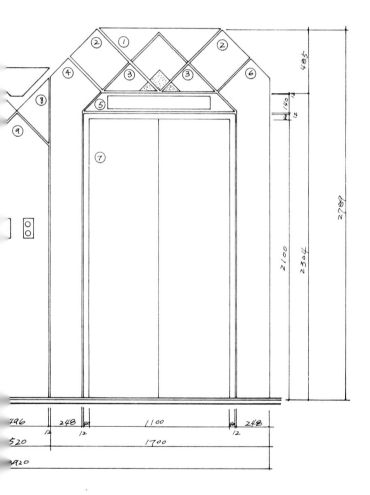

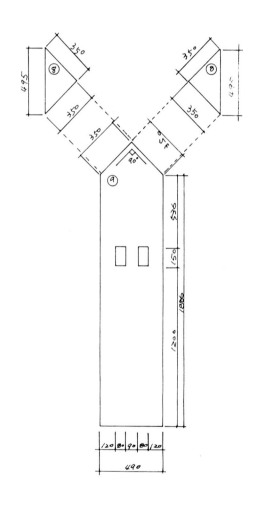

unit：cm   0 10 20 30 50   100   cm

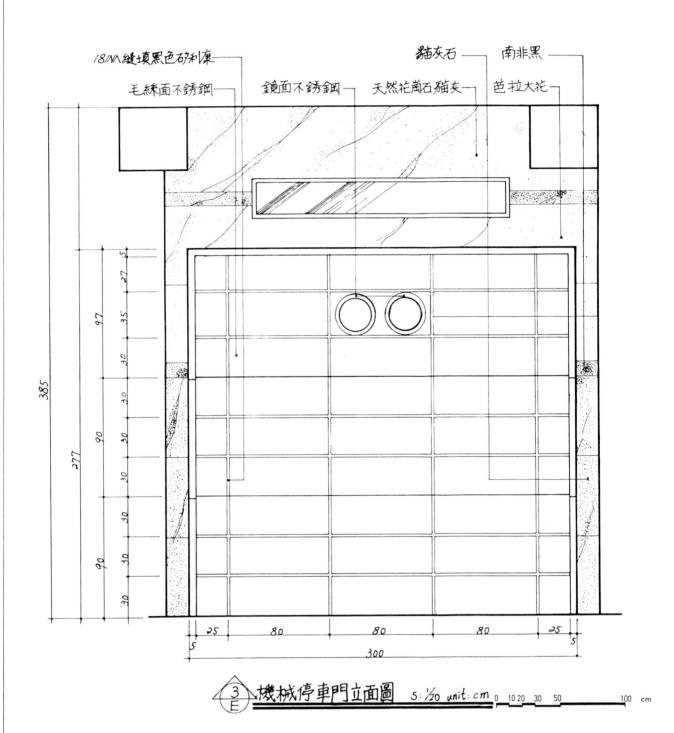

18MM縫填黑色矽利康　　　　　　貓灰石　　　南非黑

毛絲面不銹鋼　　鏡面不銹鋼　　天然花崗石貓灰　　芭拉大花

385
277

97
27
5
35
30

90
30
30

90
30
30

25　80　80　80　25
5　　　　　　　　　　　5
300

③E 機械停車門立面圖　S:1/20 unit:cm

0 10 20 30 50　　　　100 cm

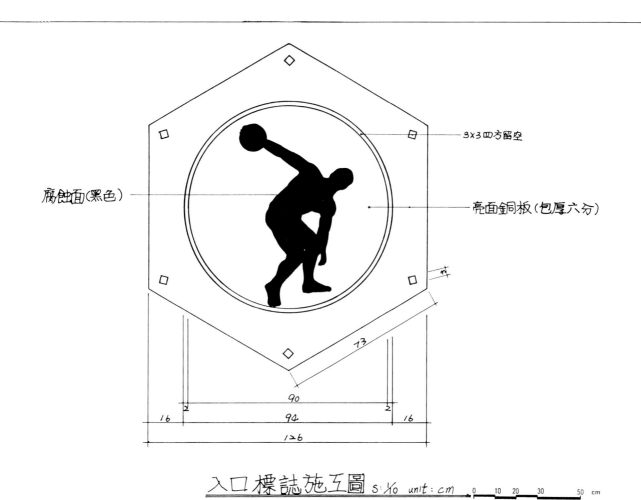

腐蝕面(黑色) —

3x3四方留空

亮面銅板(包厚六分)

73

16 2 90 2 16
94
126

入口標誌施工圖 S:¹/₁₀ unit: cm 0 10 20 30 50 cm

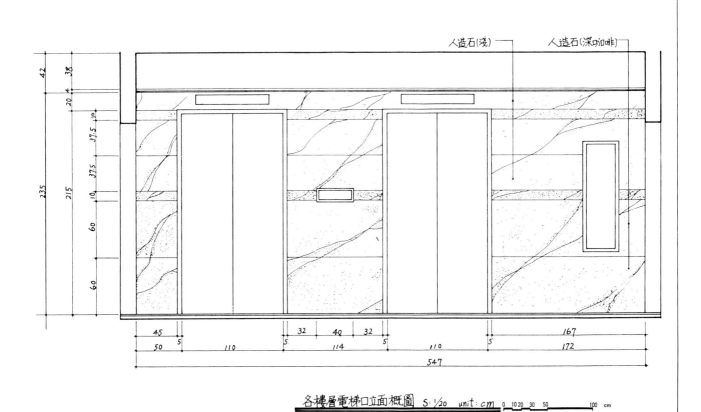

人造石(淺)   人造石(深咖啡)

42 38
20 4
37.5 10
37.5
235 215 10
60
60

45 32 40 32 167
50 5 5 114 5 110 5 172
110
547

各樓層電梯口立面概圖 S: ¹/₂₀ unit: cm 0 10 20 30 50 100 cm

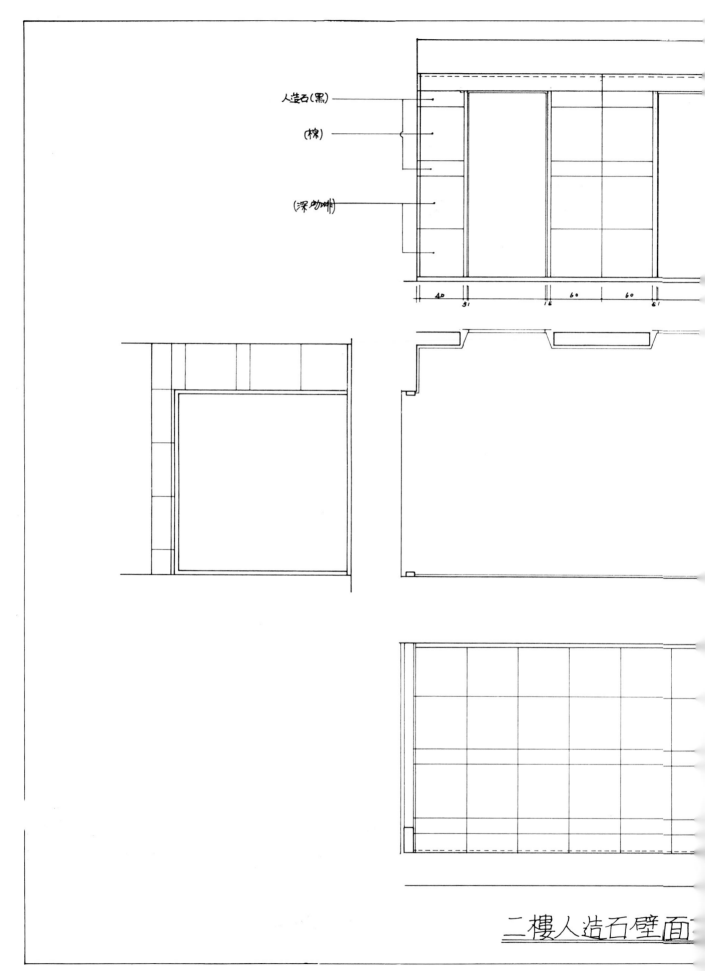

人造石(黑)

(棕)

(深咖啡)

40　31　15　60　60　61

二樓人造石壁面

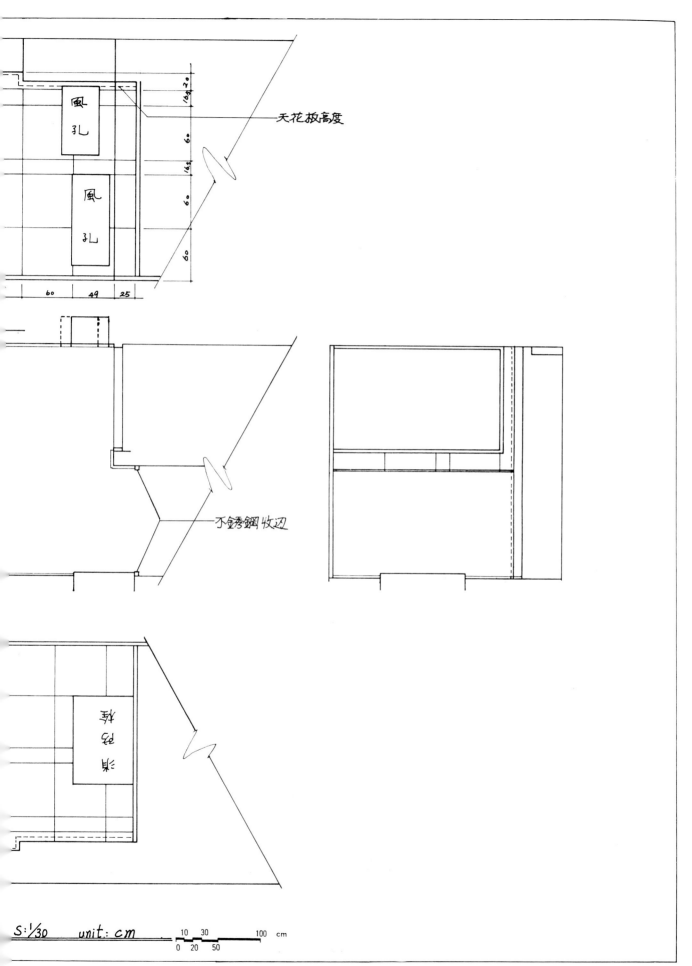

風孔

風孔

天花板高度

不金秀鋼收边

S:1/30　　unit: cm

10　30　　　100　cm
0　20　50

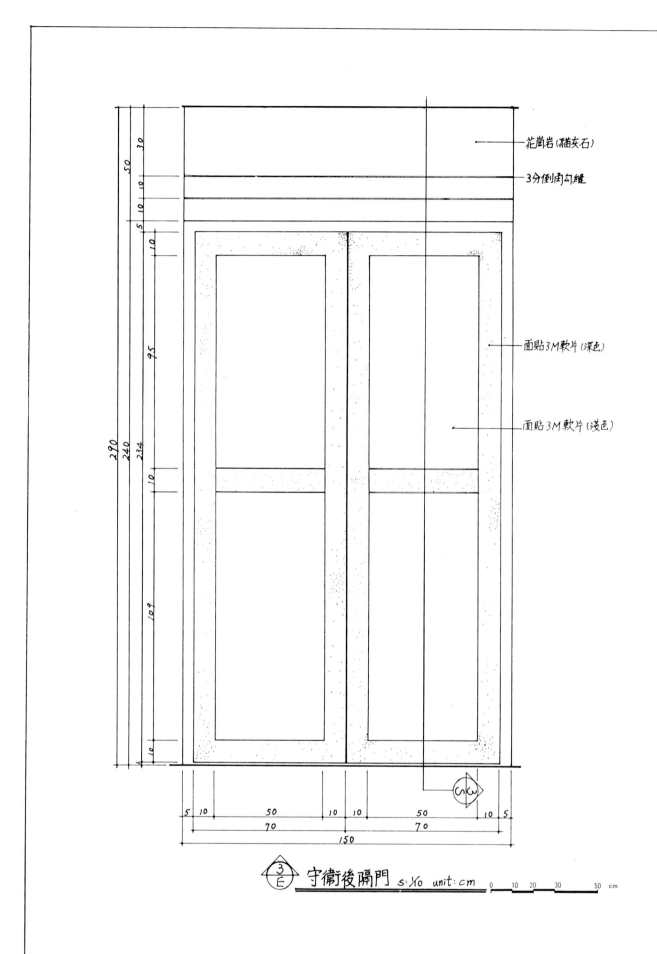

花崗岩(貓灰石)

3分倒角勾縫

面貼3M軟片(深色)

面貼3M軟片(淺色)

守衛後隔門 s:1/10 unit:cm

0　10　20　30　　50 cm

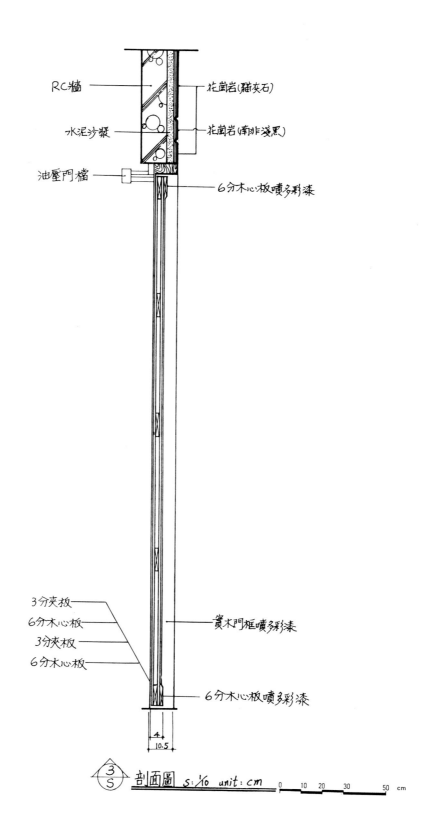

RC牆

花崗岩(貓夾石)

水泥沙漿

花崗岩(南非淺黑)

油壓門檔

6分木心板噴多彩漆

3分夾板

6分木心板

3分夾板

6分木心板

實木門框噴多彩漆

6分木心板噴多彩漆

4

10.5

③/S 剖面圖 S:¹⁄₁₀ unit:cm

0 10 20 30   50 cm

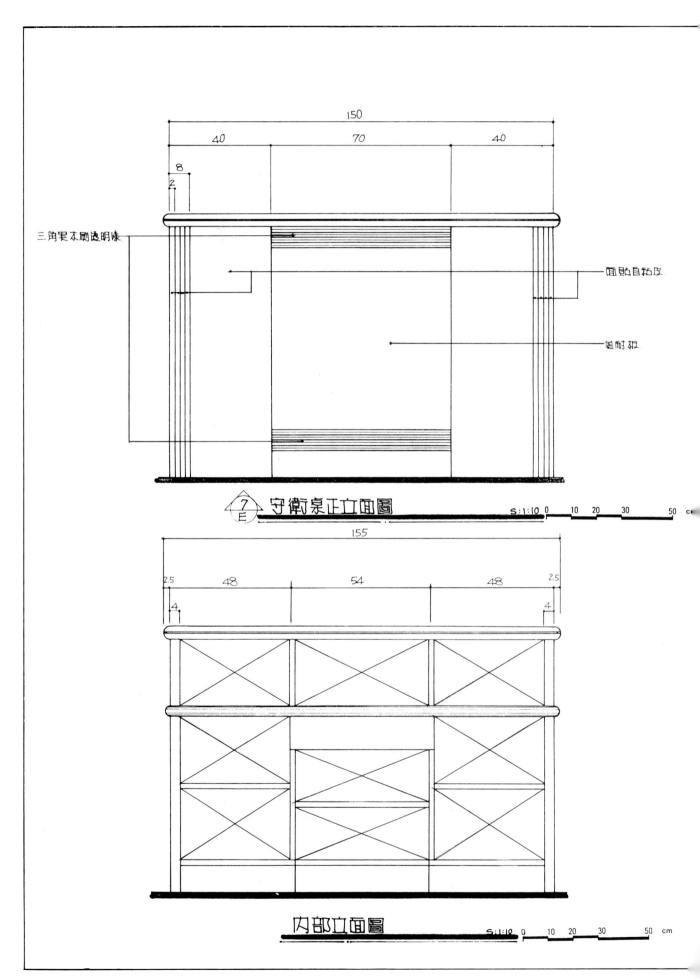

150

40　　　70　　　40

8

2

三角實木刷透明漆

面貼自粘皮

美耐板

⑦／E　守衛桌正立面圖　　　S:1:10　0　10　20　30　50 cm

155

2.5　48　　54　　48　2.5

4　　　　　　　　　4

內部立面圖　　　S:1:10　0　10　20　30　50 cm

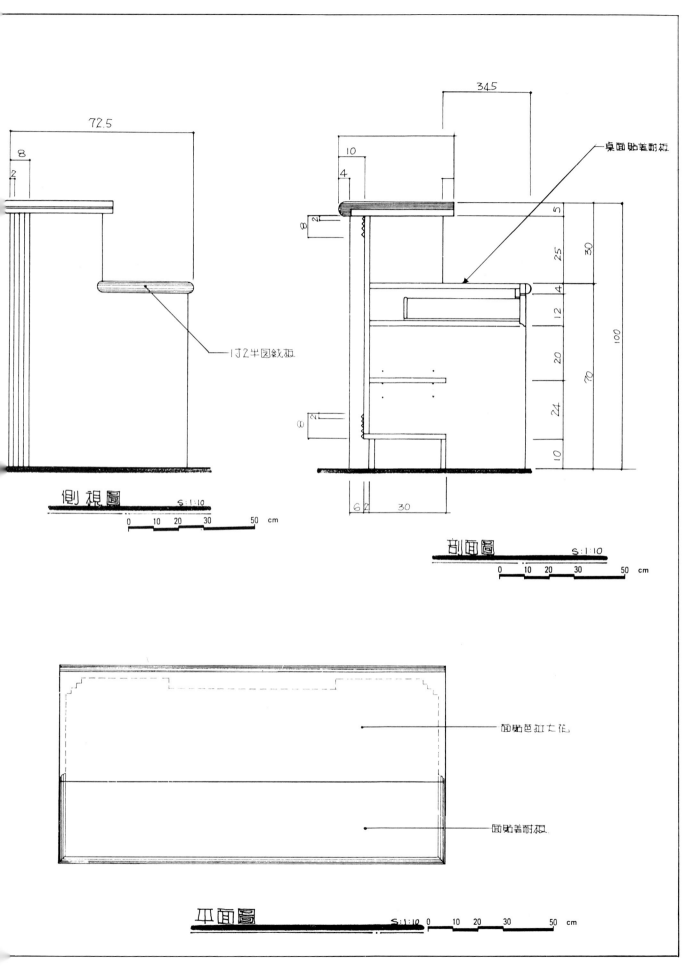

72.5

8
2

1寸2半圓鐵板

側視圖　S:1:10

0　10　20　30　　　50　cm

34.5

10
4

8
2

桌面貼美耐板

5
25　30
4
12
20　70　100
24
10

8
2

6 2　30

剖面圖　S:1:10

0　10　20　30　　　50　cm

面貼色扣大花

面貼美耐板

平面圖　S:1:10

0　10　20　30　　　50　cm

5-3 住宅空間設計：

面積：129平方公尺(39坪)
樓層：1F、夾層、2F、3F
居住人員：夫婦二人，男孩一人、女孩一人

		施 工 圖 明 細 表
圖　　　號	張　　　號	工　程　內　容
	1/21	1F、夾層平面配置圖
	2/21	2F、3F平面配置圖
	3/21	1F、夾層天花水電圖
	4/21	2F、3F天花水電圖
1/E 2/E	5/21	電視櫃、屏風詳圖
3/E 4/E	6/21	餐具櫃、餐廳壁面造形詳圖
5/E 6/E	7/21	餐廳吧台、廚房吧台詳圖
7/E	8/21	茶几詳圖
8/E 9/E	9/21	和室秀麗門、1F鞋櫃詳圖
10/E	10/21	和室衣櫃、矮櫃詳圖
11/E	11/21	主臥室床組詳圖
12/E	12/21	主臥室衣櫃詳圖
13/E	13/21	女孩房床組、書桌、衣櫃詳圖
14/E 15/E	14/21	女孩房壁櫃、2F樓梯口、擺飾櫃詳圖
16/E	15/21	3F樓梯口衣櫃詳圖
17/E 18/E 19/E 20/E	16/21	男孩房床組、書桌、衣櫃、壁櫃詳圖
	17/21	餐廳透視圖
	18/21	主臥室透視圖
	19/21	女孩房透視圖
	20/21	男孩房透視圖
	21/21	客廳透視圖

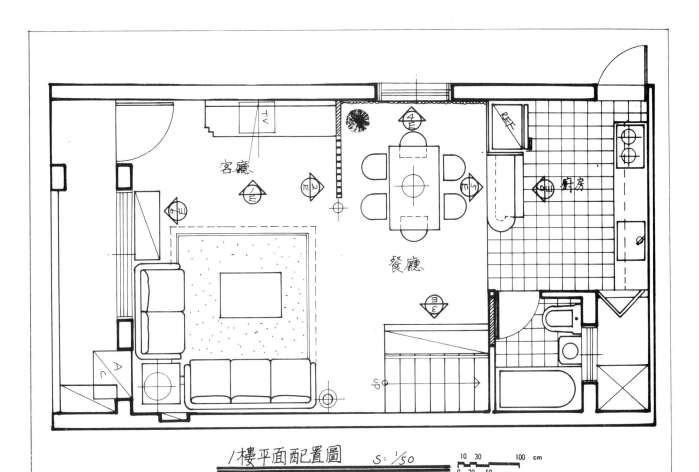

客廳　餐廳　廚房

1樓平面配置圖　　S: 1/50

10 30 　　100 cm
0 20 50

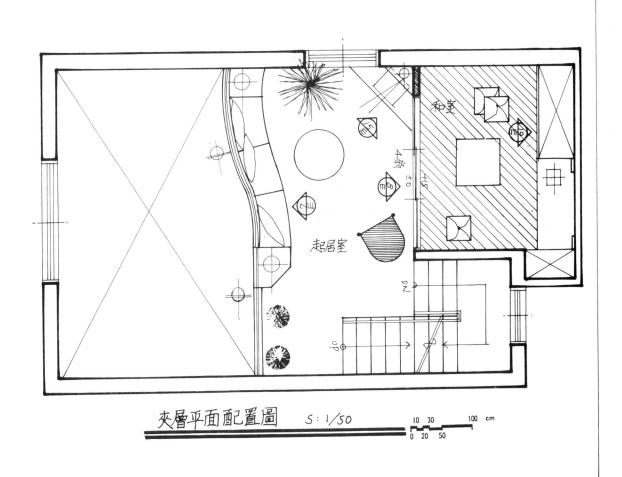

和室　起居室

夾層平面配置圖　　S: 1/50

10 30 　　100 cm
0 20 50

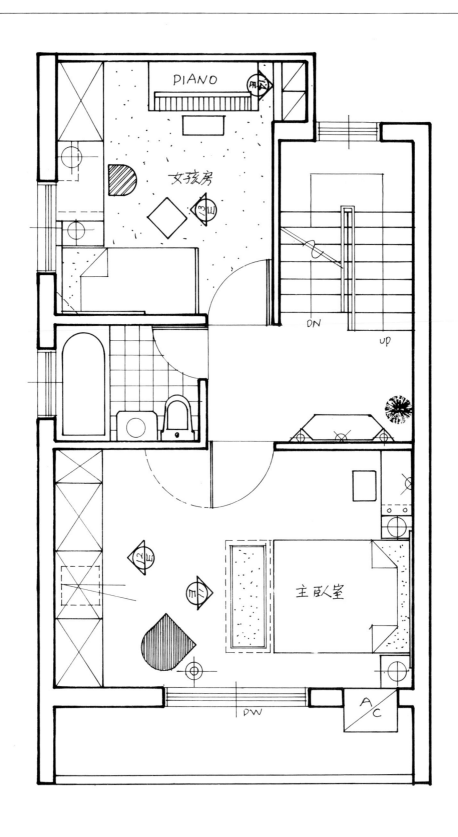

PIANO

女孩房

DN

UP

主臥室

DW

A/C

2樓平面配置圖   1:50

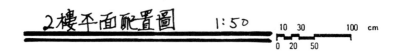

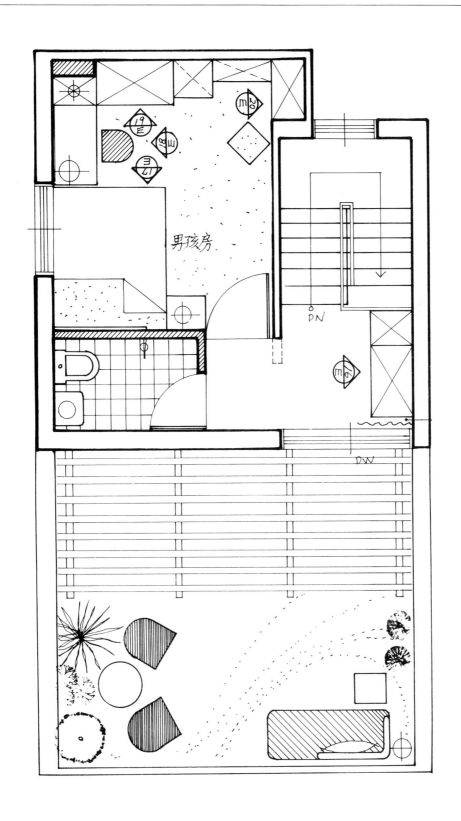

男孩房

DN

DW

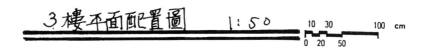

3樓平面配置圖　　1:50

10　30　　100 cm

0　20　50

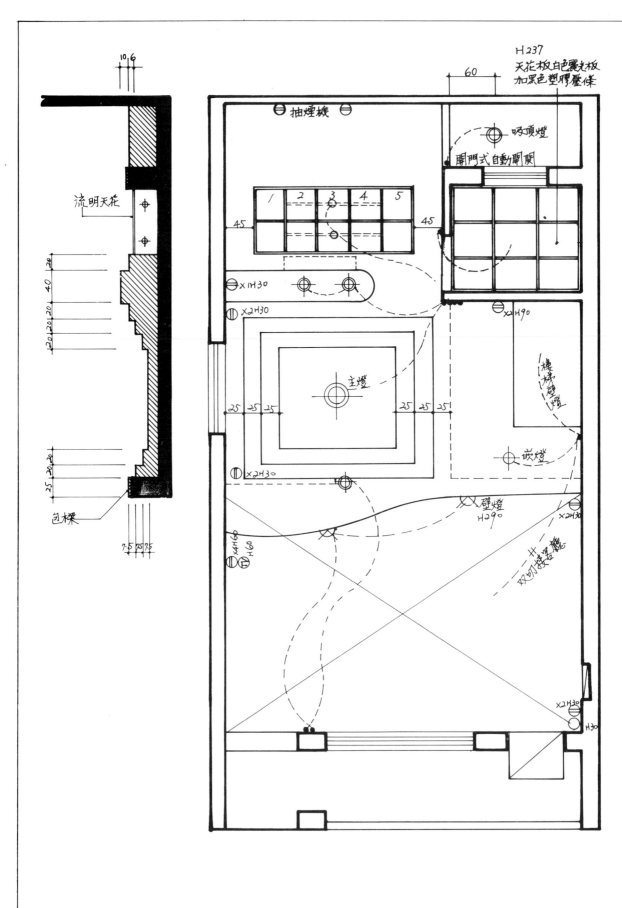

H237
天花板白色震光板
加黑色塑膠壓條

60

抽煙機

吸頂燈

開門式自動聯開

流明天花

1 2 3 4 5

45   45

X1H30

X2H30   X2H90

主燈

20 20 20 40 20

25 25 25   25 25 25

嵌燈

X2H30

壁燈
H290

25 20 20

包樑   X4H6 H60   X2H30

雙叉接音線

7.5 25 75

X2H30

H30

1樓天花板水電圖

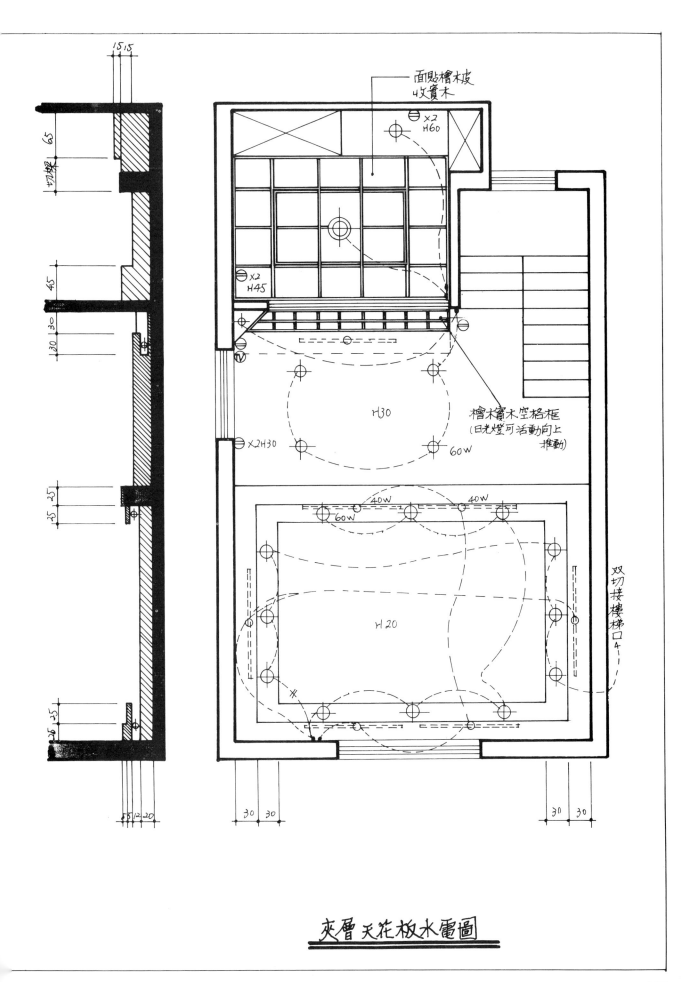

面貼檜木皮
收實木

×2
H60

×2
H45

檜木實木空格框
(日光燈可活動向上
推動)

H30

×2H30

60W

40W   40W

60W

H20

双切接樓梯口

30   30

30   30

夾層 天花板水電圖

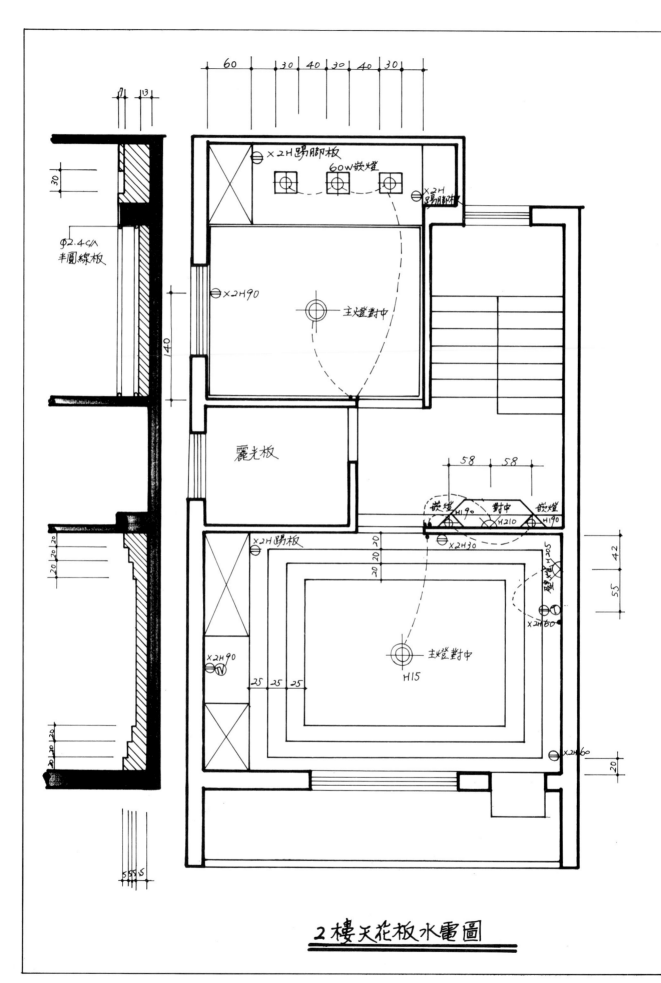

60 | 30 | 40 | 30 | 40 | 30

71 | 13

30

Φ2.4c/ṅ
半圓線板

140

20 | 20 | 20

20 | 20

5 | 5 | 5

×2H踢脚板
60w嵌燈
×2H
踢脚板

⊖×2H90

主火燈對中

麗光板

58 | 58

嵌燈 H190 | 對中 H210 | 嵌燈 H190
⊖×2H30

×2H踢板

20
20
20

壁燈 H505

×2H90

25 | 25 | 25

55 | 42

主火燈對中
H15

×2H60

⊖×2H60

20

2樓天花板水電圖

146

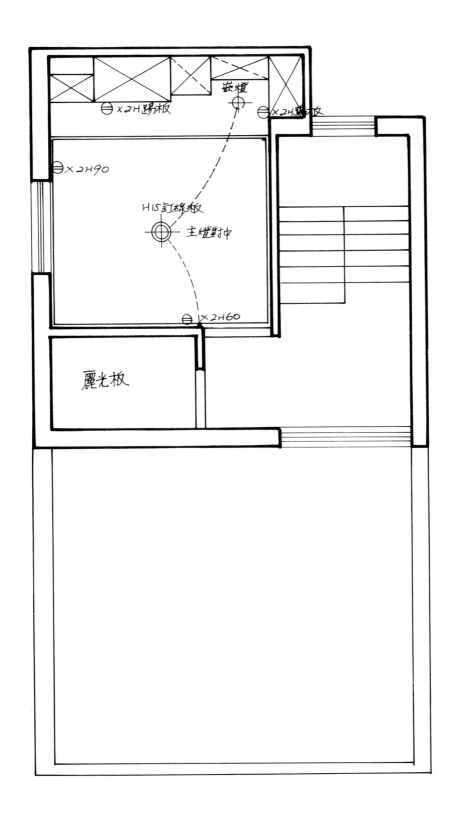

嵌燈

⊖X 2H踢板

⊖X 2H踢板

⊖X 2H90

H15釘線板

主燈對中

⊖1X 2H60

麗光板

3樓天花板水電圖

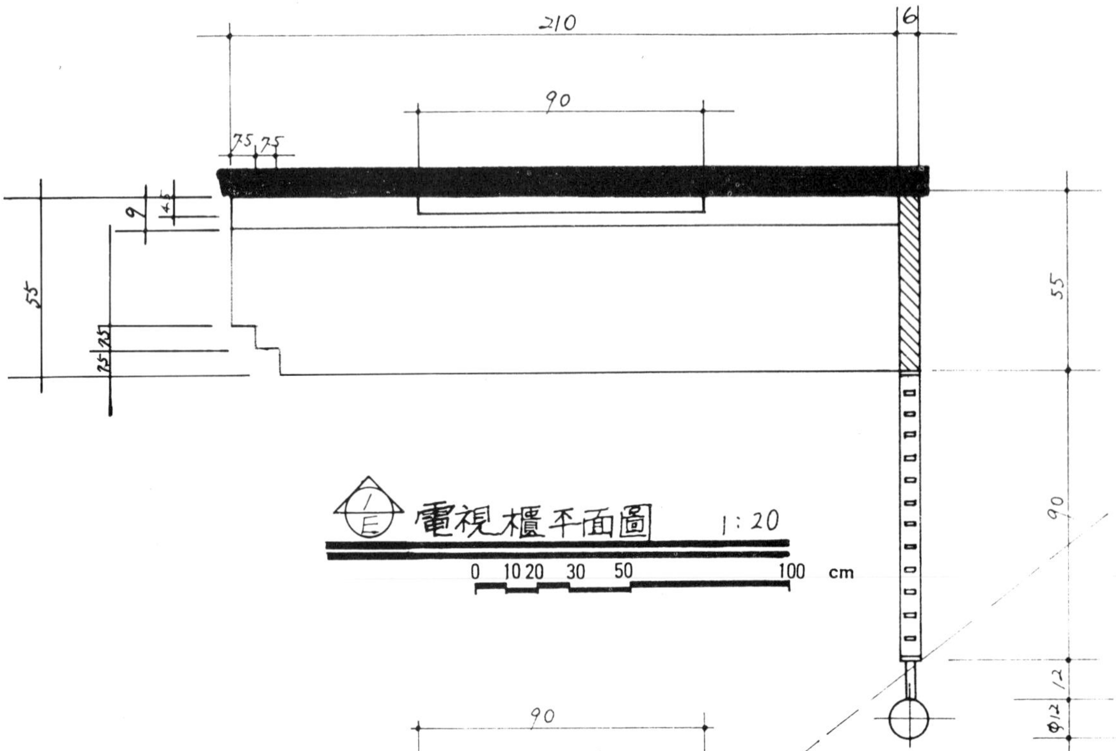

1/E 電視櫃平面圖 1:20

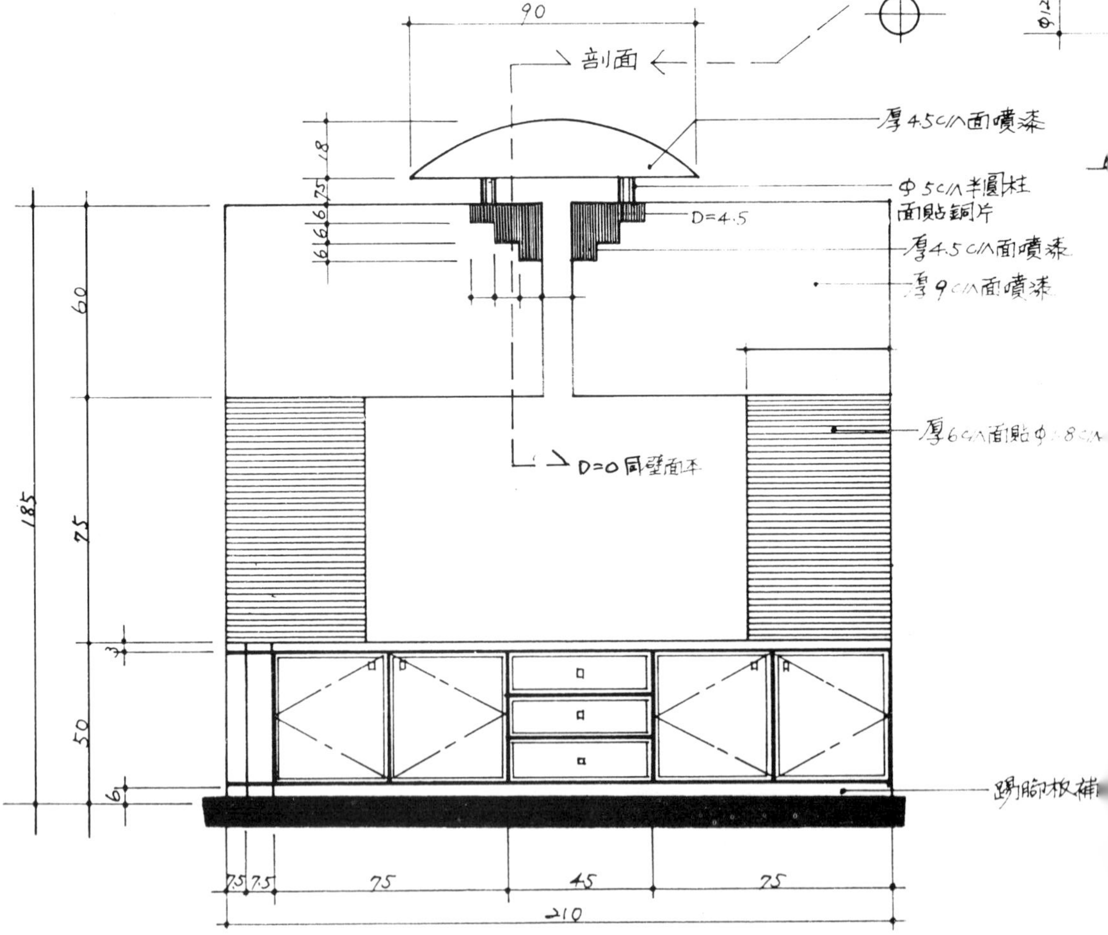

電視櫃立面圖 1:20

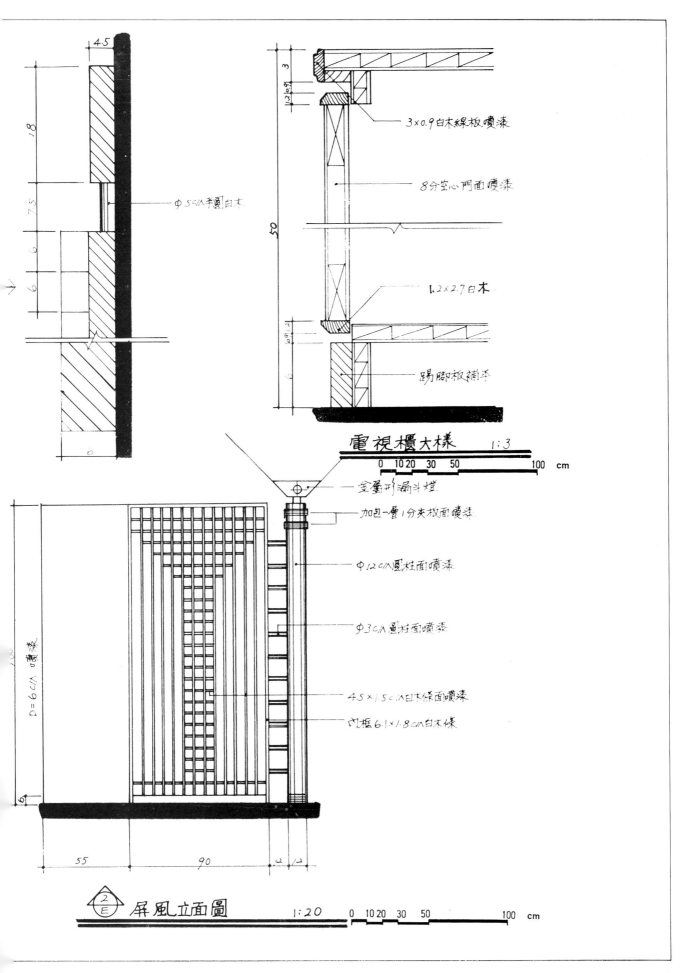

3×0.9白木線板噴漆

8分空心門面噴漆

1.2×2.7白木

踢腳板補平

Φ5c/m半圓白木

電視櫃大樣　　　1:3

0　10 20　30　50　　　　100　cm

金屬形漏斗燈

加包一層1分夾板面噴漆

Φ12c/m圓柱面噴漆

Φ3c/m圓柱面噴漆

4.5×1.5c/m白木條面噴漆

內框6.1×1.8c/m白木條

D=6c/m噴漆

55　　　90　　2 12

2
E　屏風立面圖　　　　1:20

0　10 20　30　50　　　　100　cm

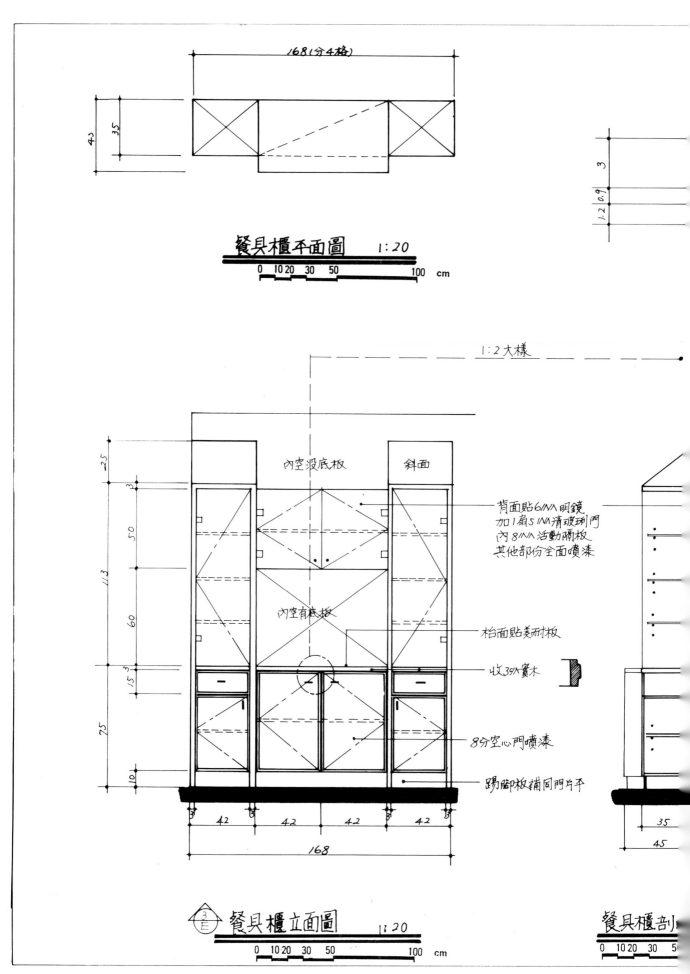

餐具櫃平面圖　1:20

168(分4格)

35

4.3

0 10 20 30 50 100 cm

1:2大樣

內空沒底板　　斜面

背面貼6∕∕∕明鏡
加1扇5∕∕∕清玻璃門
內8∕∕∕活動隔板
其他部份全面噴漆

內空有底板

枱面貼美耐板

收3分實木

8分空心門噴漆

踢腳板補同門片平

3
0.9
1.2

25
3
50
113
60
15.3
75
10

42　42　42　42

168

3/三　餐具櫃立面圖　1:20

0 10 20 30 50 100 cm

餐具櫃剖

35

45

0 10 20 30 5

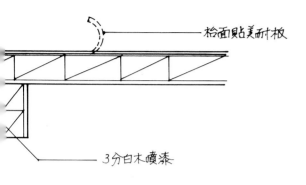

枱面貼美耐板

3分白木噴漆

8分空心門噴漆

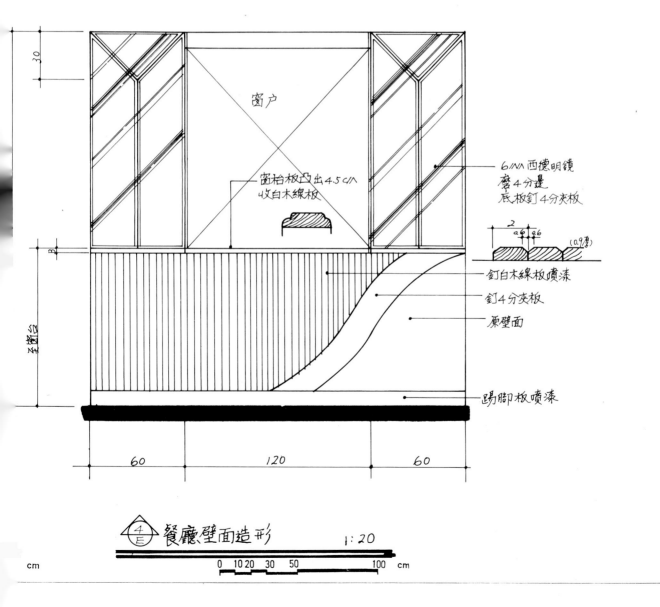

窗户

6mm 西德明鏡
磨4分邊
底板釘4分夾板

窗枱板凸出4.5c/m
收白木線板

釘白木線板噴漆

釘4分夾板

原壁面

踢腳板噴漆

30

120

60

60

餐廳壁面造形　　　1:20

cm

0 10 20 30 50　　　100 cm

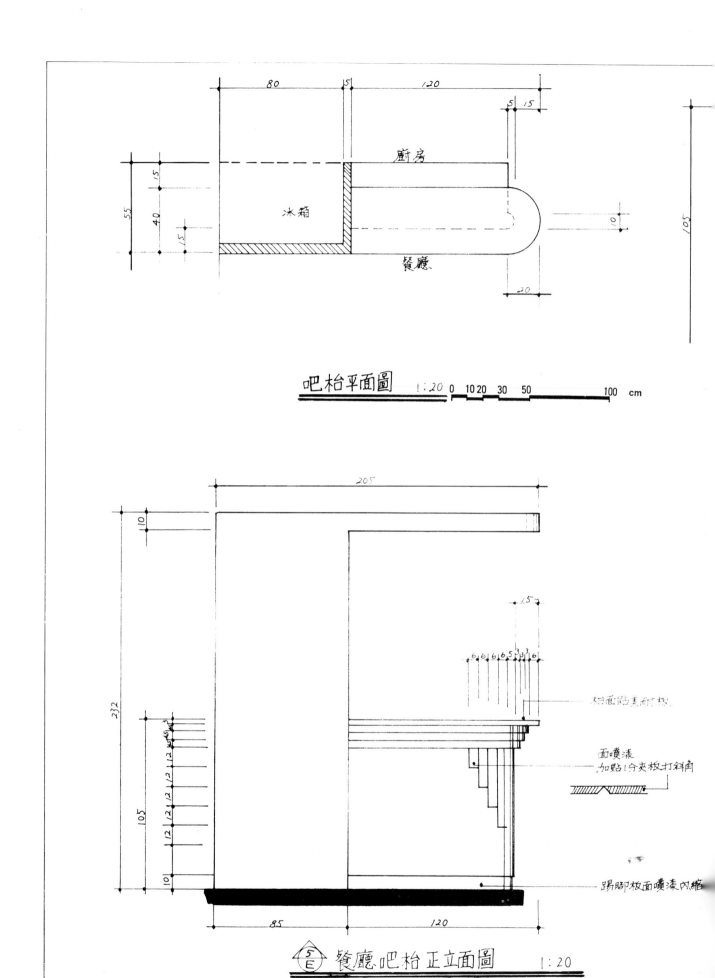

廚房

冰箱

餐廳

吧枱平面圖　1:20　0 10 20 30 50 100 cm

柱面貼美耐板

面噴漆
加貼1分夾板打斜角

踢腳板面噴漆內縮

餐廳吧枱正立面圖　1:20
0 10 20 30 50 100 cm

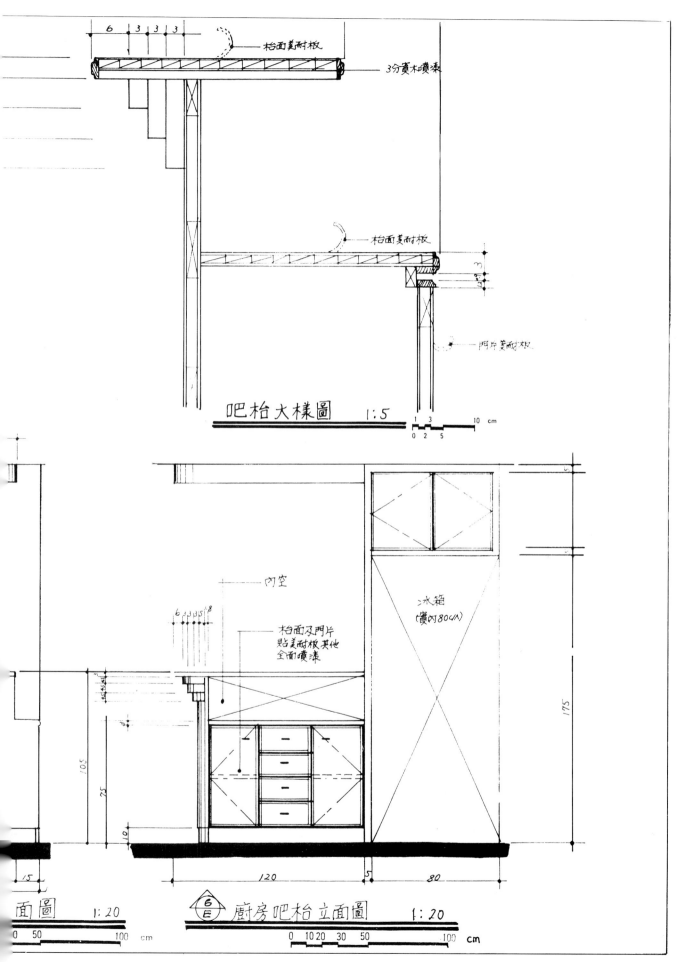

台面美耐板

3分實木噴漆

6 3 3 3

台面美耐板

門片美耐板

吧枱大樣圖　　1:5

1 3 10 cm
0 2 5

內空

6 3 3 5 8

台面及門片
貼美耐板其他
全面噴漆

冰箱
(寬內80c/n)

175

105

75

10

15 120 5 80

面圖　　1:20

廚房吧枱立面圖　　1:20

0 50 100 cm

0 10 20 30 50 100 cm

153

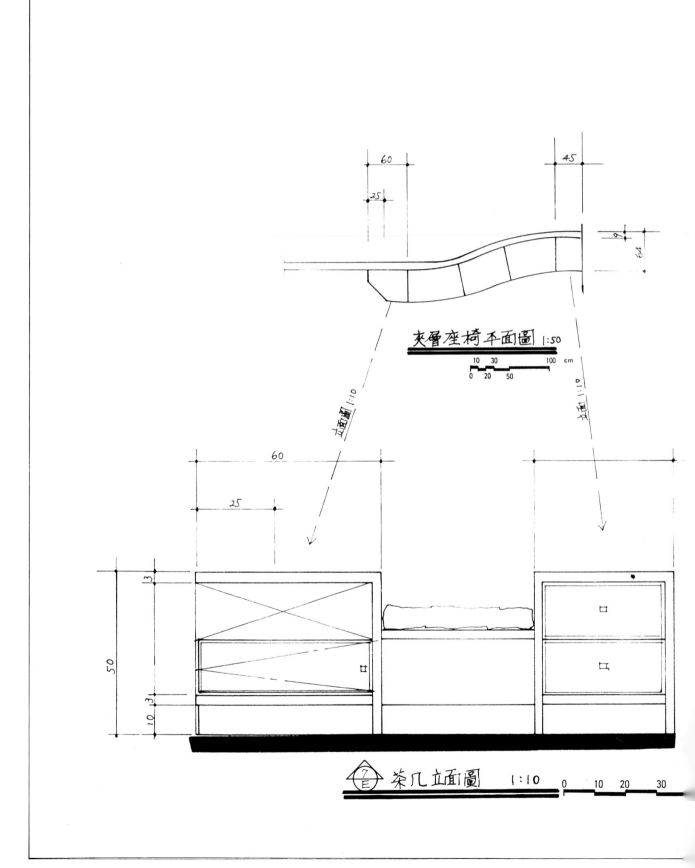

夾層座椅平面圖 1:50

10 30   100 cm
0 20 50

立面圖 1:10

立面圖 1:10

60
25
3
50
3
10

45
9
64

7
E 茶几立面圖   1:10

0   10   20   30

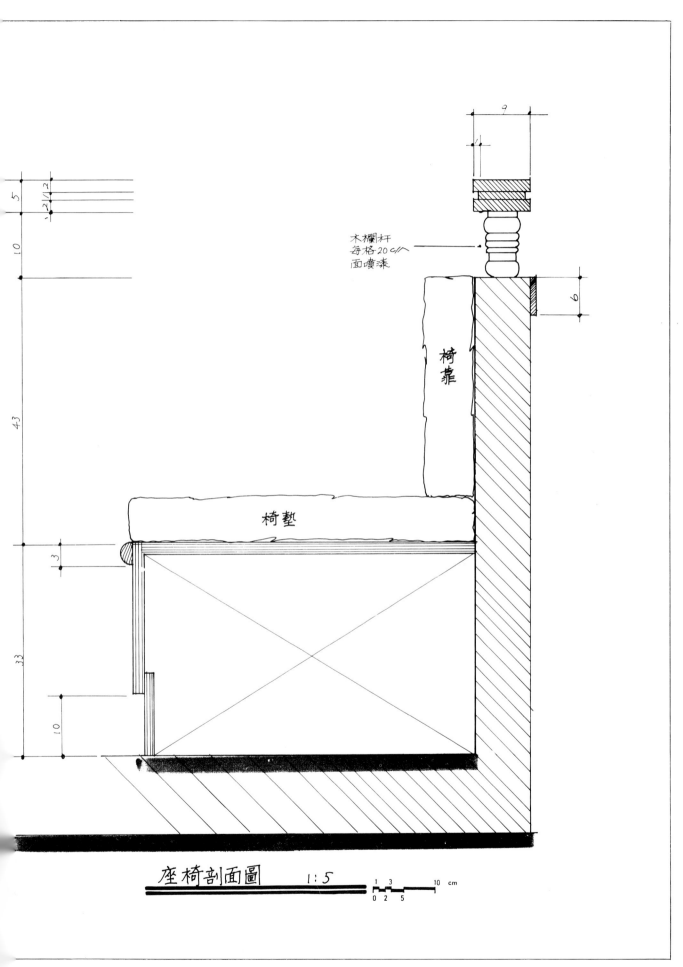

木欄杆
每格20c/M
面噴漆

椅靠

椅墊

座椅剖面圖　　1:5

1 3 　 10 cm
0 2 5

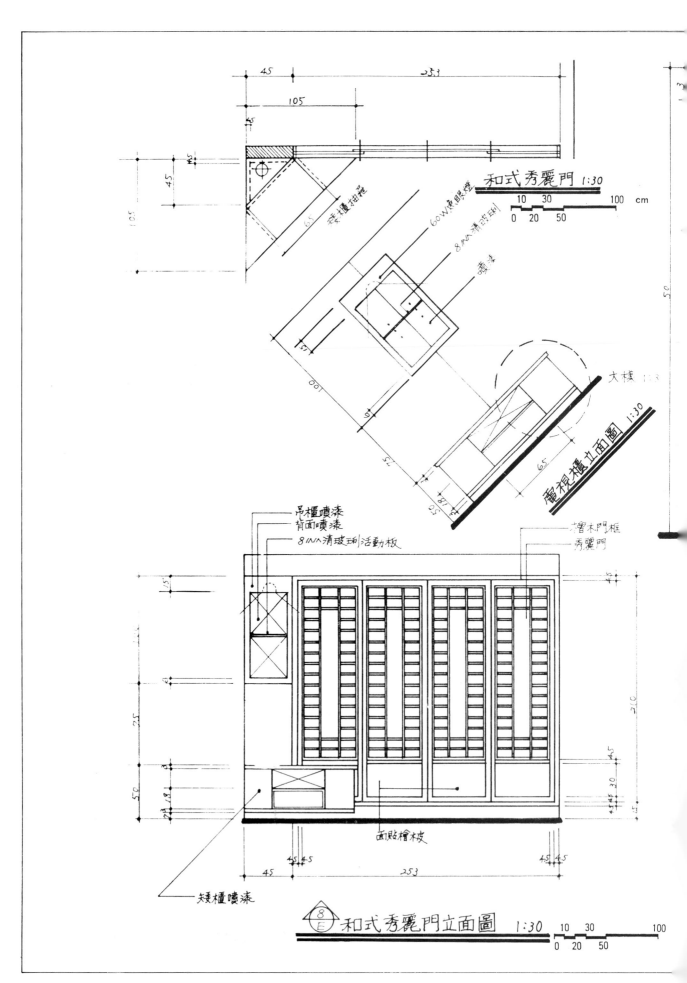

和式秀麗門 1:30

和式秀麗門立面圖 1:30

電視櫃立面圖 1:30

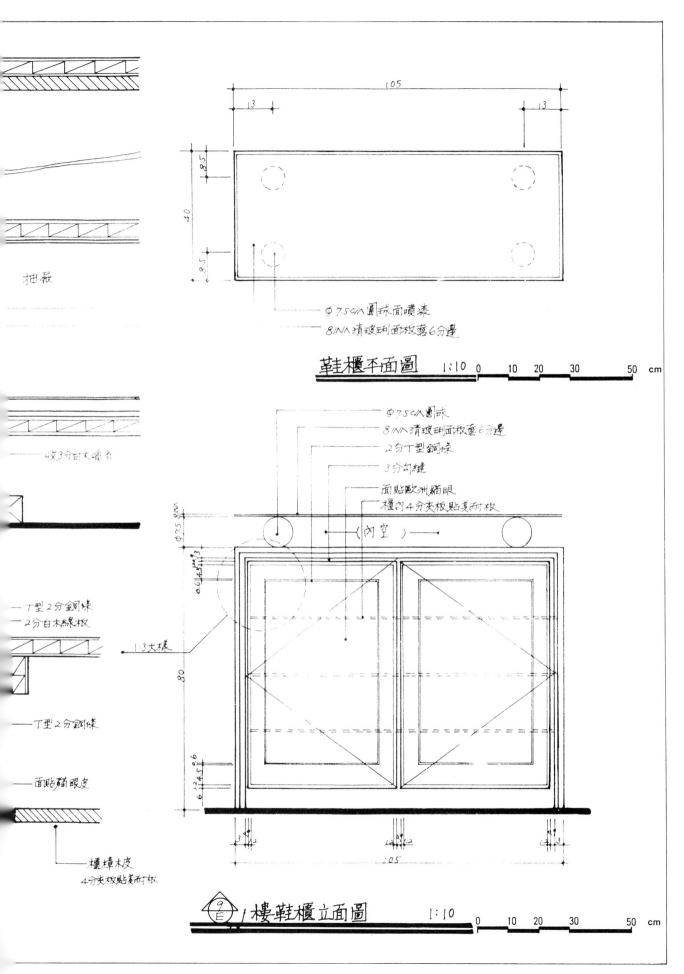

105

13   13

8.5

40

8.5

Φ 7.5 c/A 圓球面噴漆
8/A 清玻璃面板套6分邊

鞋櫃平面圖   1:10   0 10 20 30 50 cm

Φ 7.5 c/A 圓球
8/A 清玻璃面板套6分邊
2分T型銅條
3分勾縫
面貼歐洲貓眼
櫃內4分夾板貼美耐板

(內空)

Φ7.5 8/A

80

1:3大樣

收3分白木噴漆

T型2分銅條
2分白木線板

T型2分銅條

面貼貓眼皮

櫃樟木皮
4分夾板貼美耐板

抽屜

105

1樓鞋櫃立面圖   1:10   0 10 20 30 50 cm

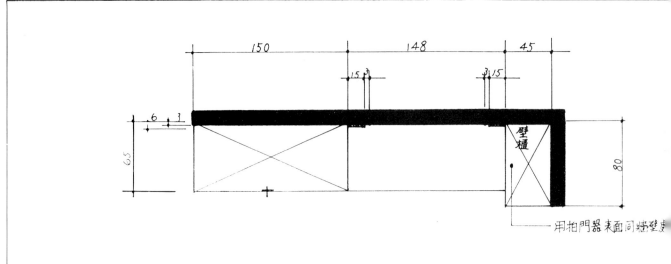

用拍門器表面同墙壁皮

和式衣櫃矮櫃平面圖　1:30

```
10    30          100  cm
0  20  50
```

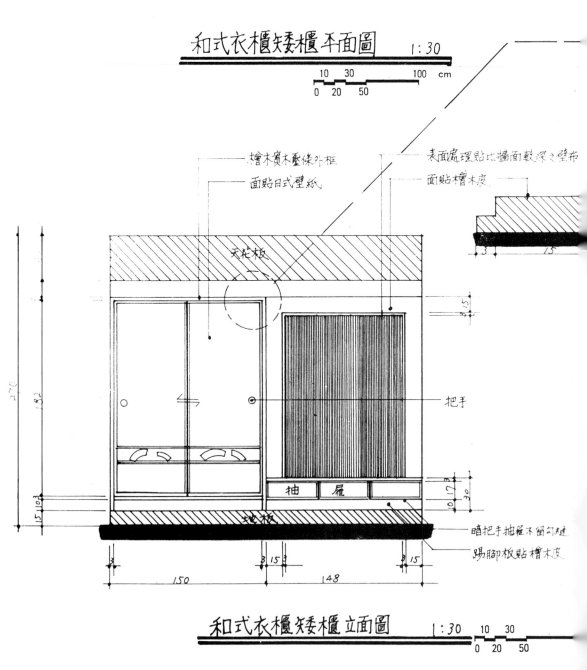

繪木實木壓條外框

面貼日式壁紙

表面處理貼比牆面較深之壁布

面貼檜木皮

天花板

把手

抽屜

暗把手抽屜不留勾縫

踢腳板貼檜木皮

地板

和式衣櫃矮櫃立面圖　1:30

```
10    30
0  20  50
```

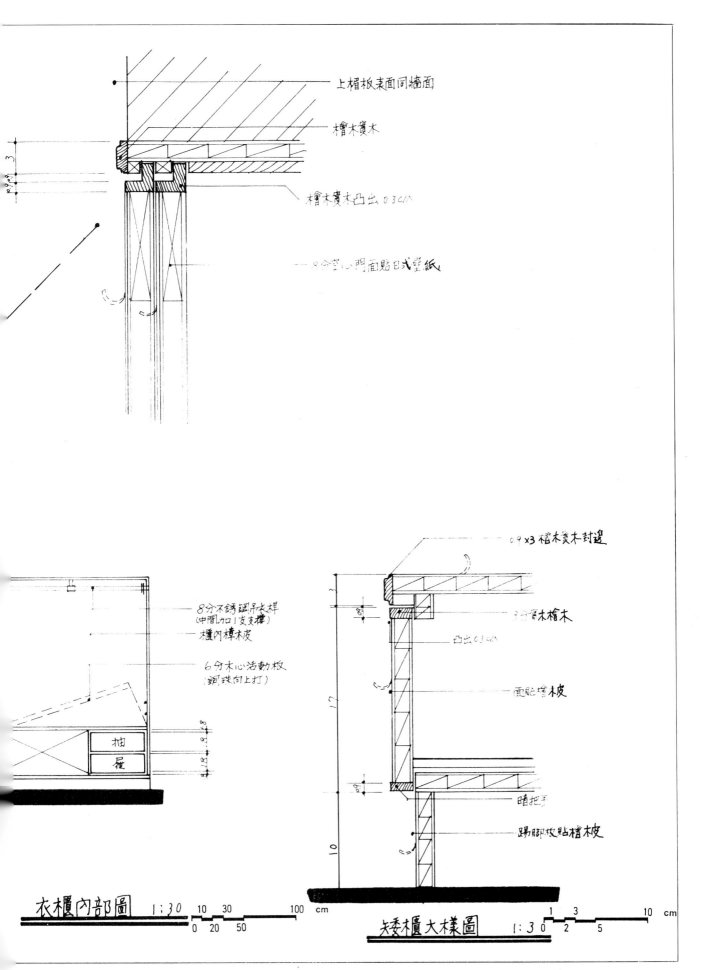

上櫃板表面同牆面

檜木實木

檜木實木凸出 0.3cm

8分空心門面貼日式壁紙

0.9x3 檜木實木封邊

3分實木檜木

凸出 0.3cm

面貼檜木皮

暗把手

踢腳板貼檜皮

8分不銹鋼吊衣桿
(中間加1支支撐)

櫃內檀木皮

6分木心活動板
(鋼珠向上打)

抽屜

衣櫃內部圖　1:30　　10　30　　100　cm
0　20　50

矮櫃大樣圖　1:3　　1　3　　10　cm
0　2　5

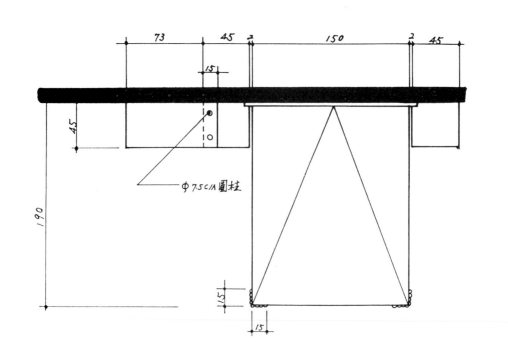

Φ 7.5cm圓柱

主臥室床組平面圖　1:30

```
10   30        100  cm
0  20    50
```

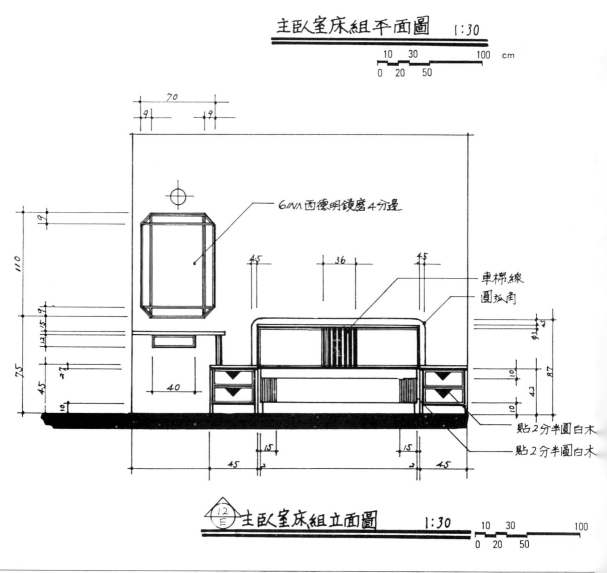

6mm西德明鏡磨4分邊

車棉線
圓弧角

貼2分半圓白木
貼2分半圓白木

主臥室床組立面圖　　1:30

```
10   30       100
0  20   50
```

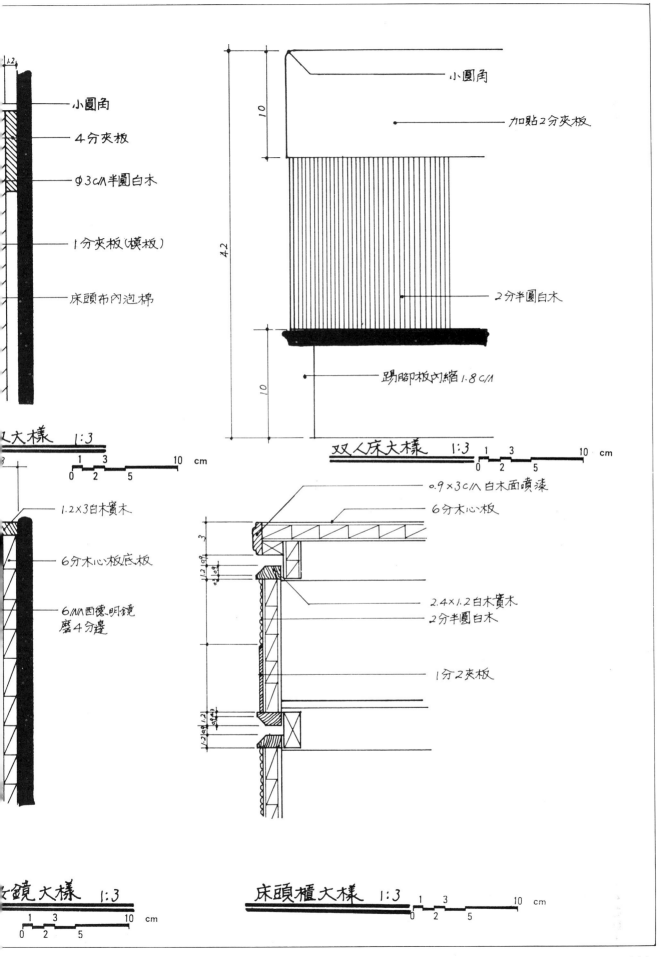

小圓角

4分夾板

φ3cm半圓白木

1分夾板(模板)

床頭布內泡棉

小圓角

加貼2分夾板

2分半圓白木

踢腳板內縮1.8c/m

人大樣　1:3

双人床大樣　1:3

1.2×3白木實木

6分木心板底板

6mm西德明鏡
磨4分邊

0.9×3c/m 白木面噴漆

6分木心板

2.4×1.2白木實木
2分半圓白木

1分2夾板

鏡大樣　1:3

床頭櫃大樣　1:3

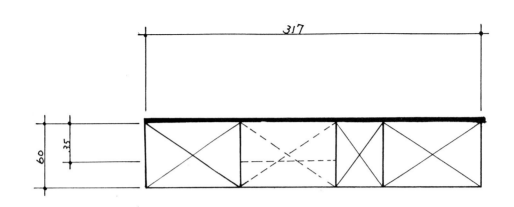

317

60　35

主臥室衣櫃平面圖　1:30

10　30　100 cm
0　20　50

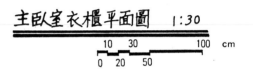

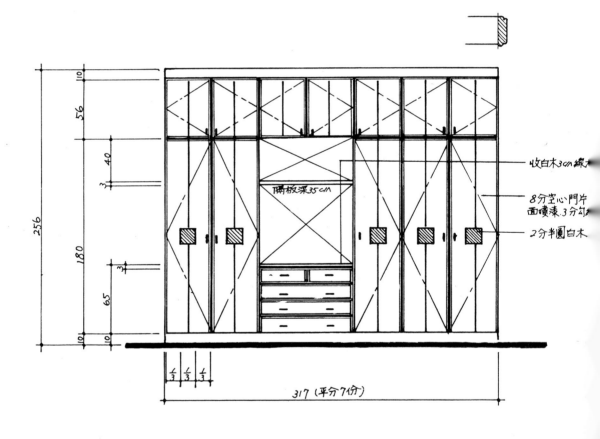

110
56
3　40
3
256
180
3
65
10　10

隔板深35cm

收白木3cm線木

8分空心門片
面噴漆.3分勾

2分半圓白木

317 (平分7份)

$\frac{4}{3}$ $\frac{4}{3}$ $\frac{4}{3}$

12/E　主臥室衣櫃立面圖　1:30

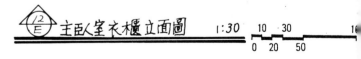

10　30
0　20　50

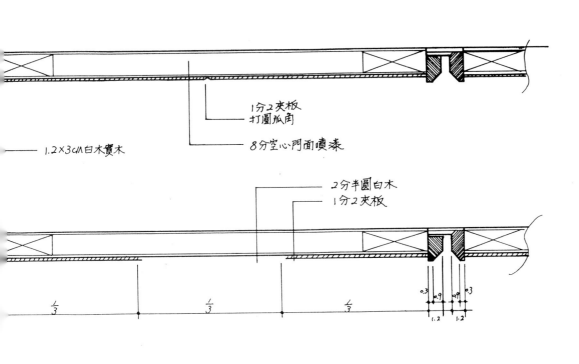

1分2夾板
打圓孤角

1.2×3cm白木實木

8分空心門面噴漆

2分半圓白木
1分2夾板

$\frac{1}{3}$ $\frac{1}{3}$ $\frac{1}{3}$

0.3 0.9 0.9 0.3
1.2 1.2

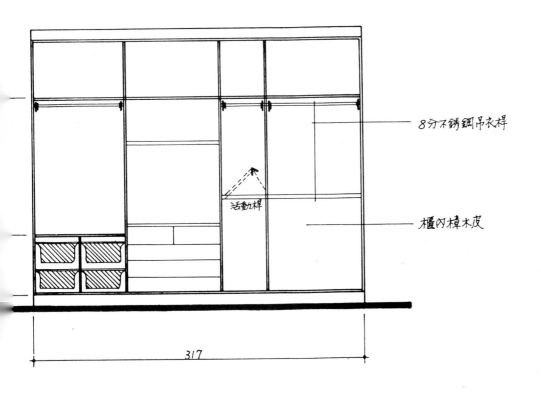

8分不銹鋼吊衣桿

活動桿

櫃內樟木皮

317

衣櫃內部圖 1:30
10 30   100 cm
0 20   50

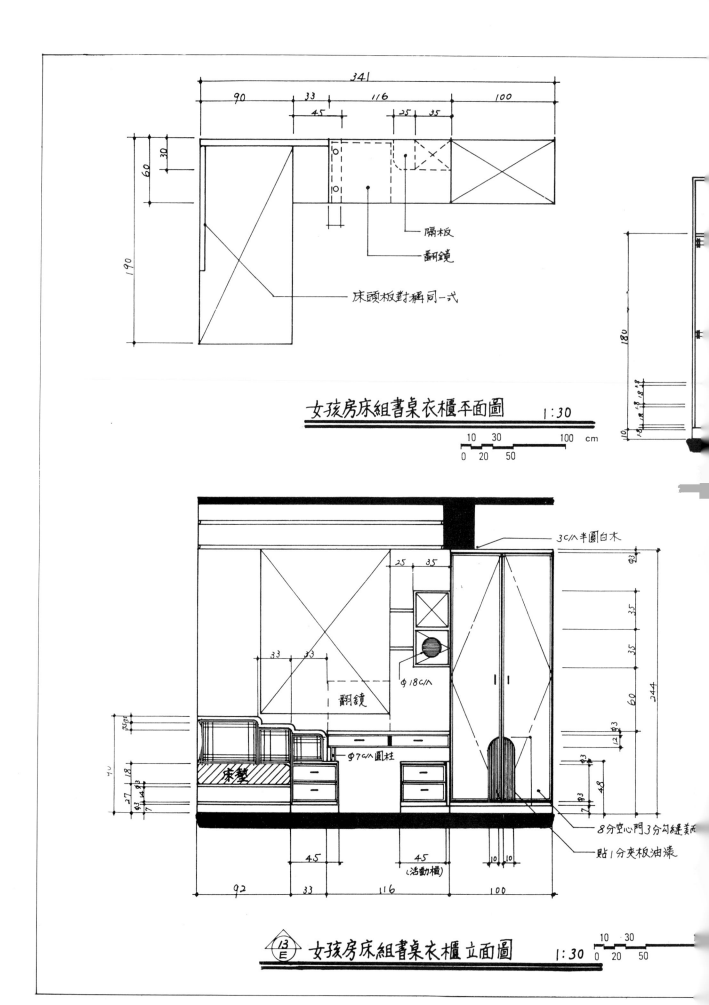

341

90   33   116   100

45   25   35

30

60

190

隔板

翻鏡

床頭板對稱同一式

女孩房床組書桌衣櫃平面圖   1:30

10   30   100 cm
0 20 50

180

3cm半圓白木

25   35

Φ18cm

33   33

翻鏡

Φ7cm圓柱

床墊

18

27

244

35

35

60

48

8分空心門3分勾縫美耐

貼1分夾板油漆

92   33   116   100

45   45
(活動櫃)

10 10

(13E) 女孩房床組書桌衣櫃 立面圖   1:30

10   30
0 20 50

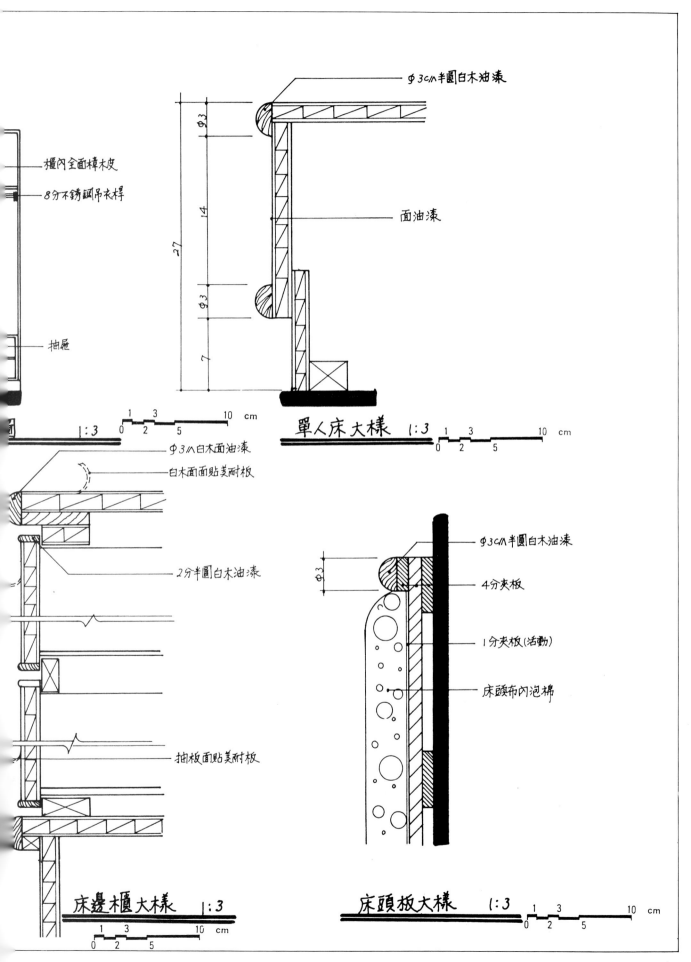

φ3cm半圓白木油漆

櫃門全面樟木皮

8分不銹鋼吊衣桿

面油漆

抽屜

φ3

14

27

φ3

7

1:3

0 1 2 3 5   10   cm

單人床大樣 1:3

0 1 2 3 5   10   cm

φ3㎝白木面油漆

白木面面貼美耐板

2分半圓白木油漆

φ3㎝半圓白木油漆

4分夾板

φ3

1分夾板(活動)

床頭布內泡棉

抽板面貼美耐板

床邊櫃大樣   1:3

0 1 2 3 5   10   cm

床頭板大樣   1:3

0 1 2 3 5   10   cm

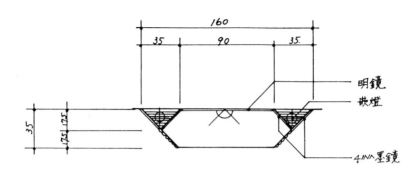

明鏡
嵌燈

4 IN 墨鏡

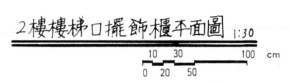

2樓樓梯口擺飾櫃平面圖 1:30

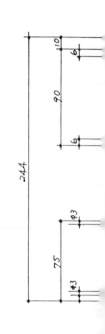

6 IN 西德明鏡 4分磨邊
寬9c/A 共3片

4 IN 墨鏡 4分磨邊
寬9c/A 共12片

墙壁面貼1片6分木心板噴漆

6 IN 西德明鏡

噴漆

貼3分半圓線板噴漆

1分夾板.噴漆

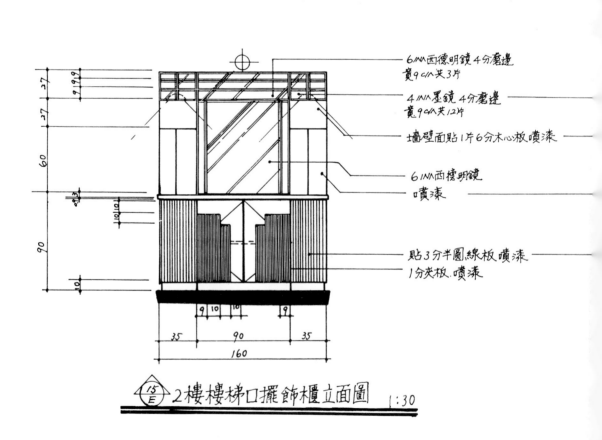

2樓樓梯口擺飾櫃立面圖 1:30

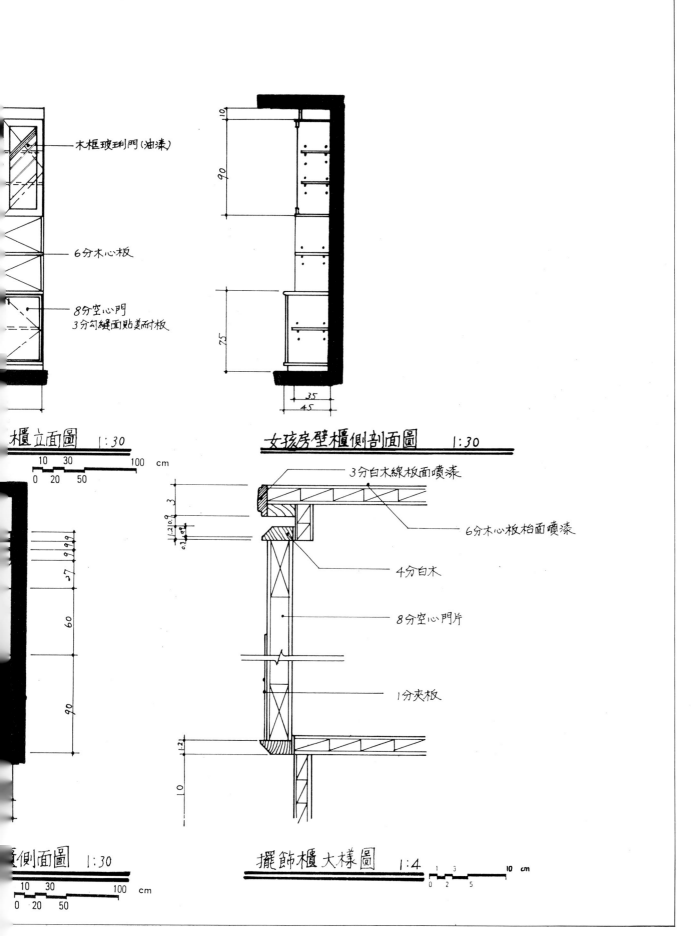

木框玻璃門(油漆)

6分木心板

8分空心門
3分勾縫面貼美耐板

櫃立面圖　1:30

10　30　　　100　cm
0　20　50

女孩房壁櫃側剖面圖　　1:30

3分白木線板面噴漆

6分木心板枱面噴漆

4分白木

8分空心門片

1分夾板

側面圖　1:30

10　30　　　100　cm
0　20　50

擺飾櫃大樣圖　　1:4

1　3　　　10　cm
0　2　5

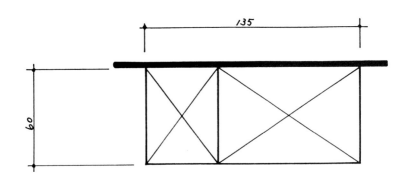

135

60

三樓男孩房外面樓梯口衣櫃平面圖　　1:20

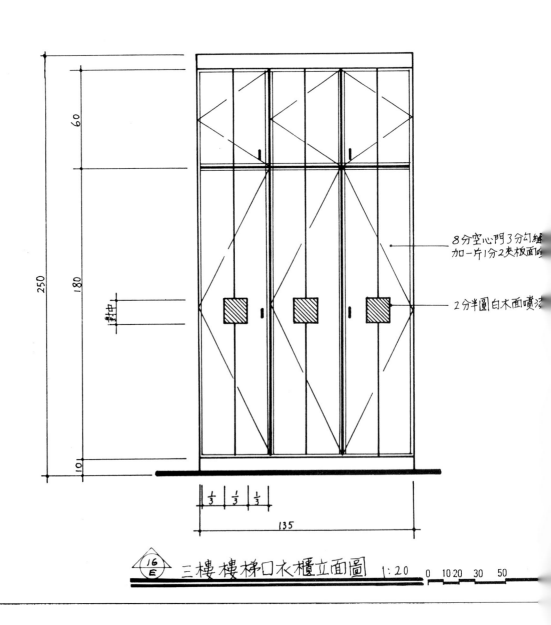

250

60

180

10

135

8分空心門3分勾縫
加一片1分2夾板面

2分半圓白木面噴漆

50   100   cm

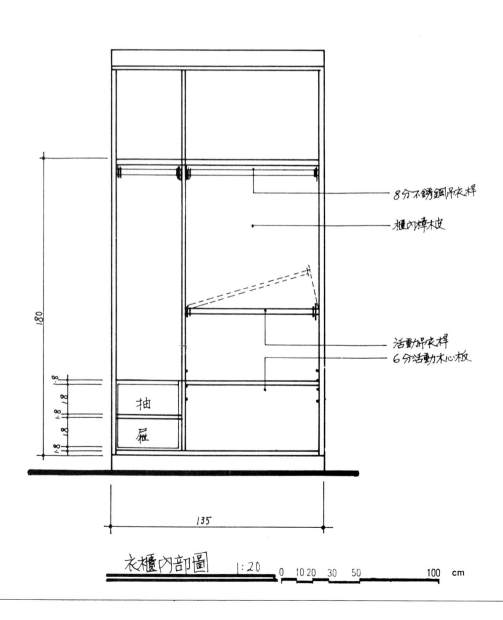

8分不銹鋼吊衣桿

櫃內樟木皮

活動吊衣桿

6分活動木心板

抽屜

衣櫃內部圖   1:20   0   10 20   30   50   100   cm

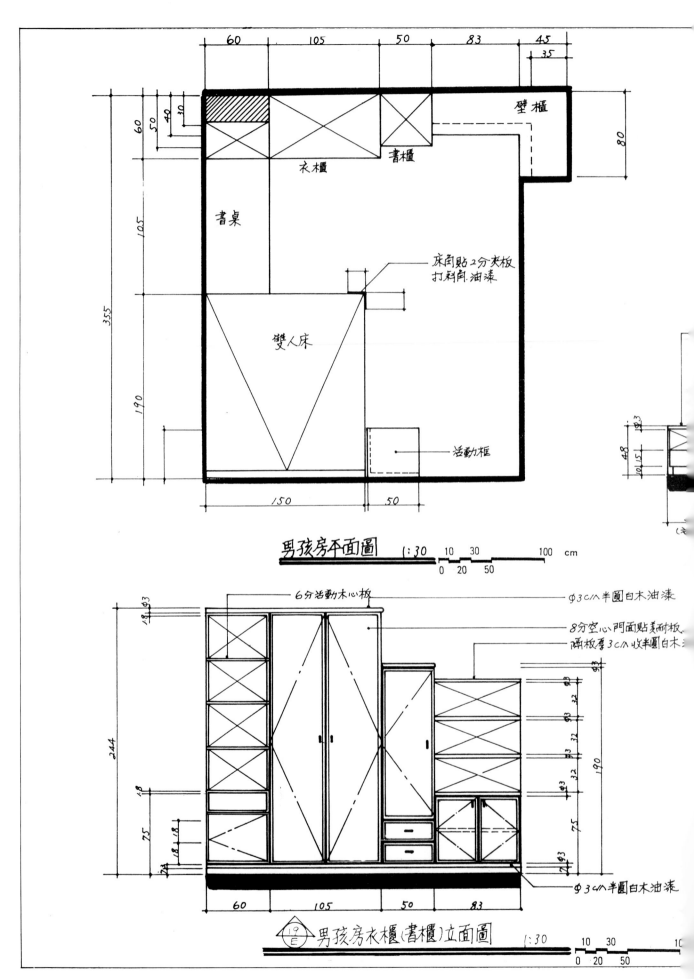

壁櫃

衣櫃

書櫃

書桌

床頭貼2分夾板
打斜角.油漆

雙人床

活動框

男孩房平面圖 1:30 10 30 100 cm
0 20 50

6分活動木心板

φ3c/∧半圓白木油漆

8分空心門面貼美耐板
兩板厚3c/∧收半圓白木

φ3c/∧半圓白木油漆

男孩房衣櫃(書櫃)立面圖 1:30 10 30
0 20 50

170

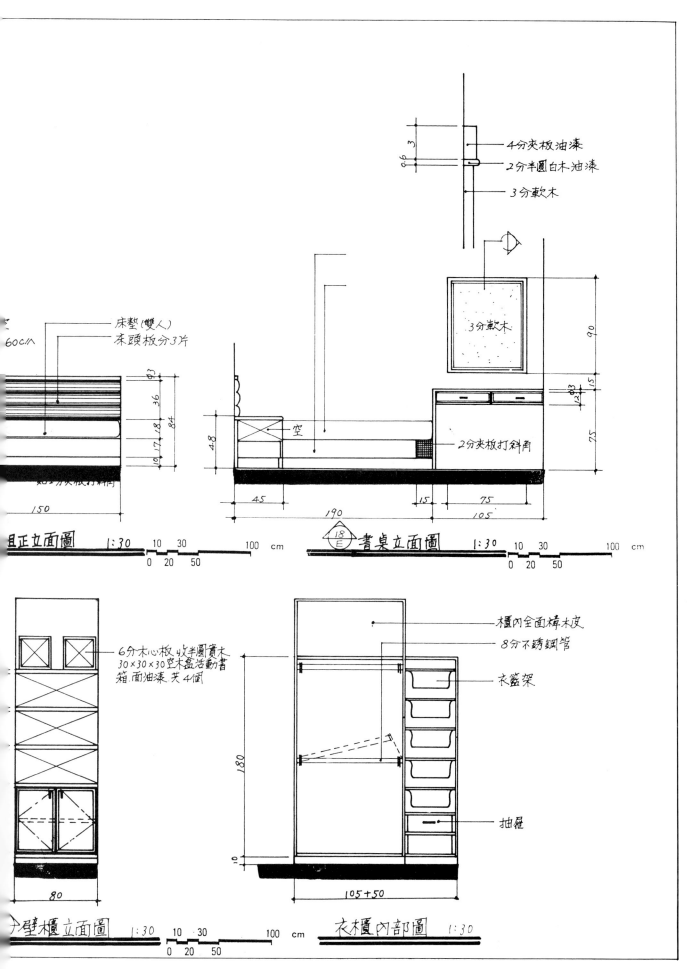

4分夾板油漆

2分半圓白木油漆

3分軟木

3分軟木

床墊(雙人)

床頭板分3片

空

2分夾板打斜角

6分木心板 收半圓實木
30×30×30空木盒活動書
箱.面油漆 共4個

櫃內全面樟木皮

8分不銹鋼管

衣籃架

抽屉

且正立面圖　1:30

書桌立面圖　1:30

壁櫃立面圖　1:30

衣櫃內部圖　1:30

10　30　　　100　cm
0　20　50

10　30　　　100　cm
0　20　50

10　30　　　100　cm
0　20　50

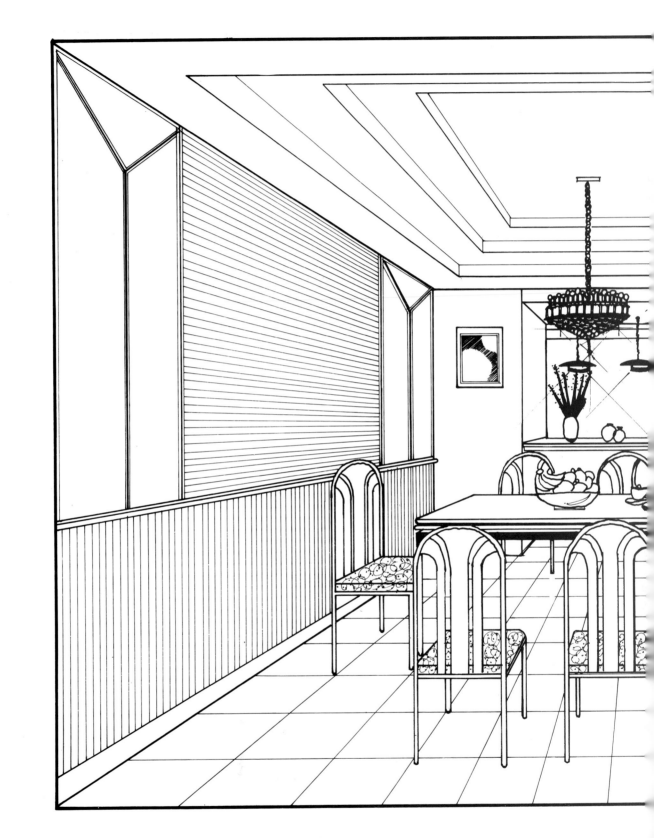

餐廳透

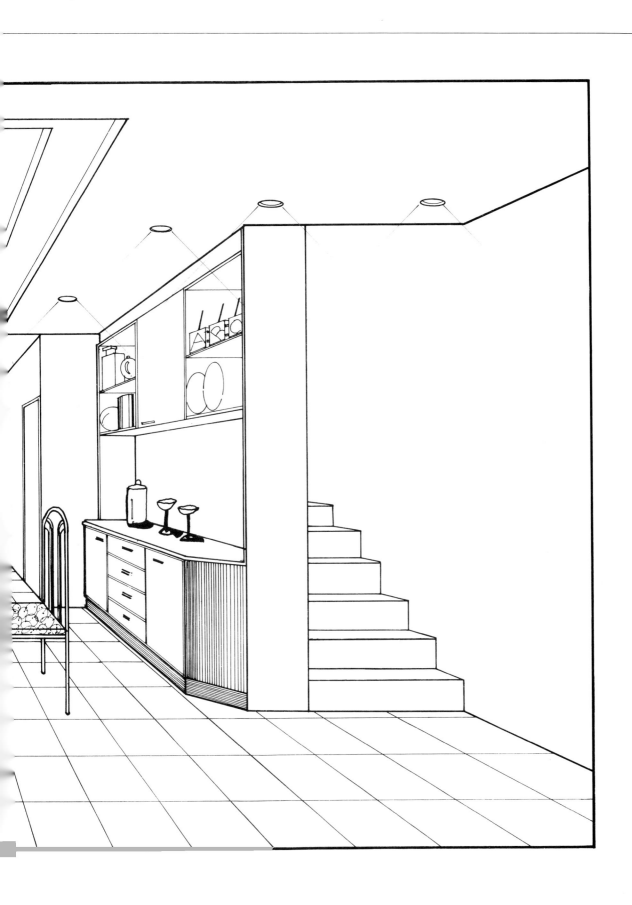

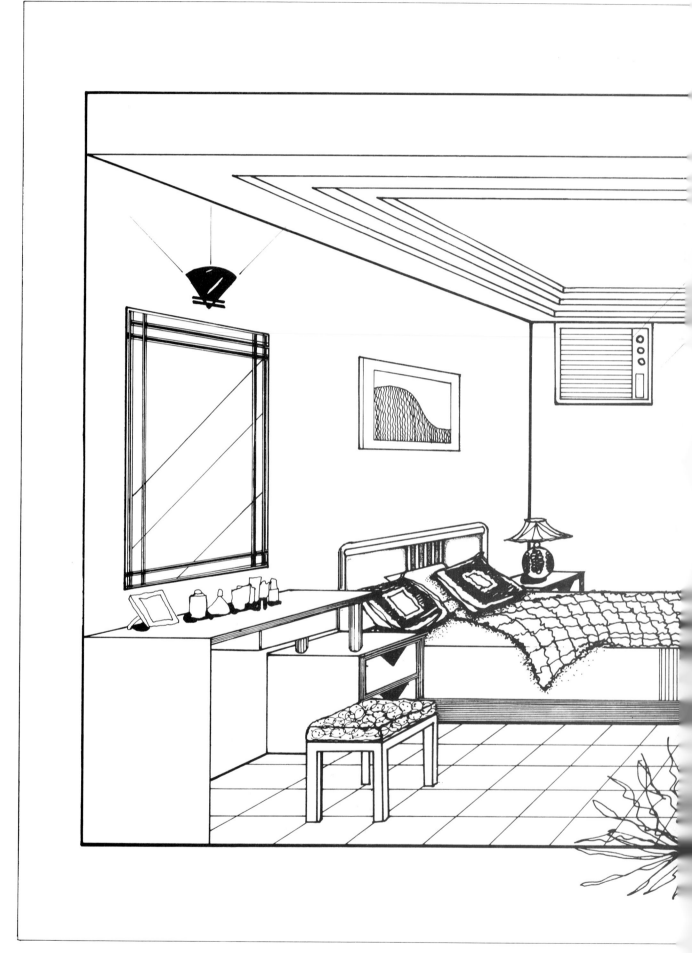

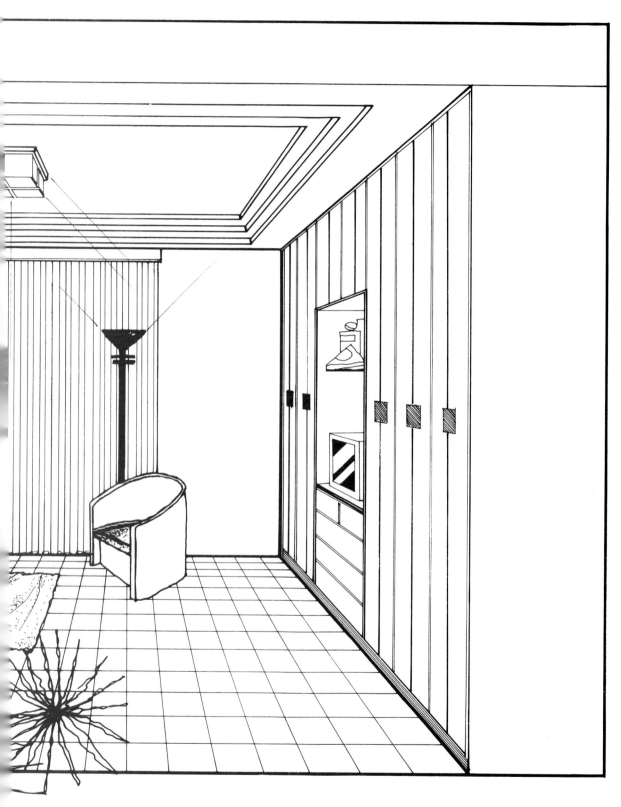

主臥室透視圖

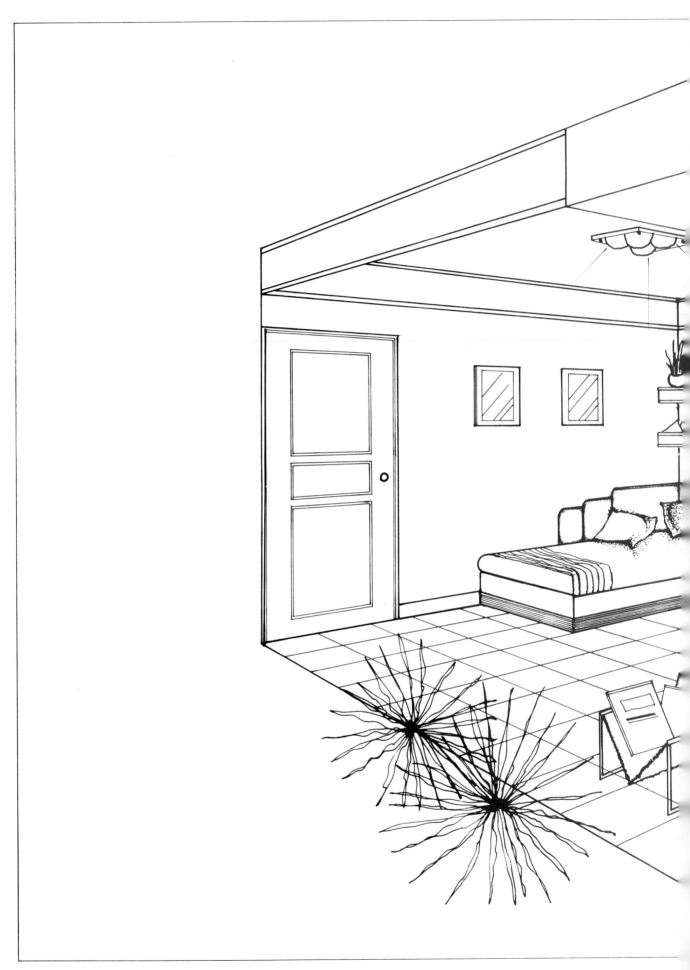

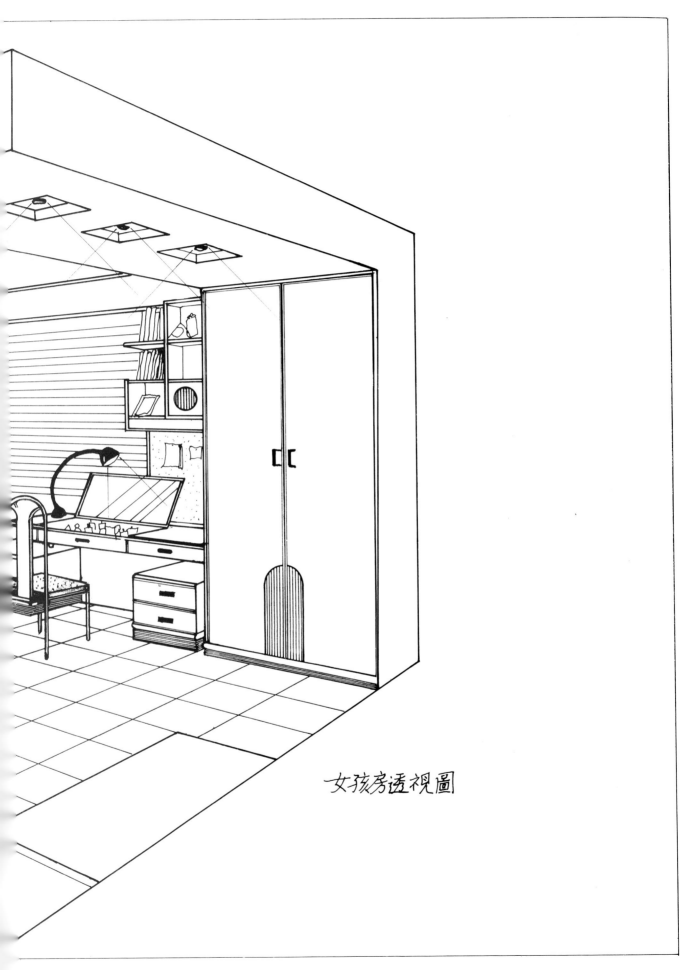

女孩房透視圖

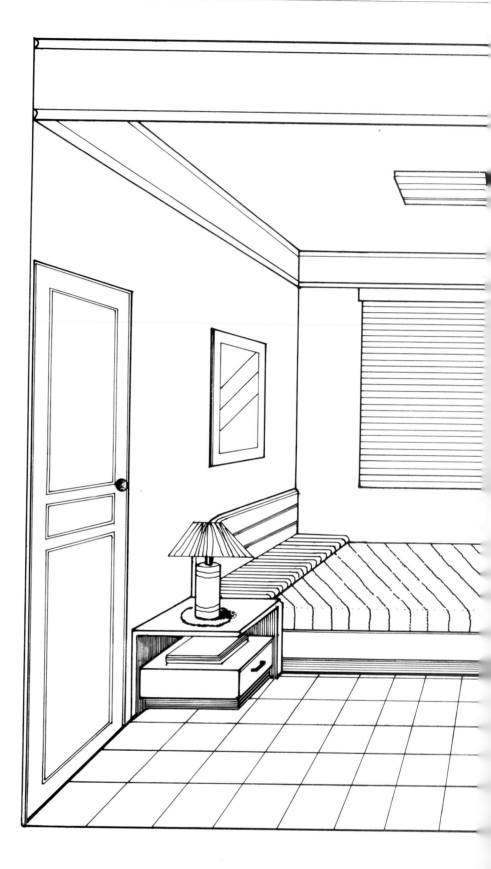

男

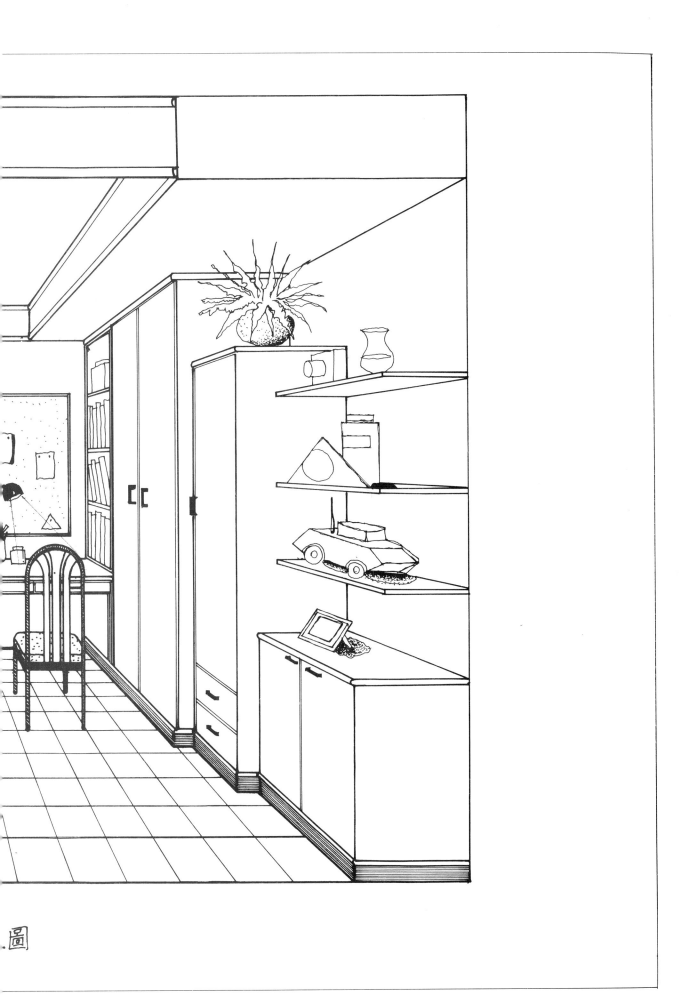

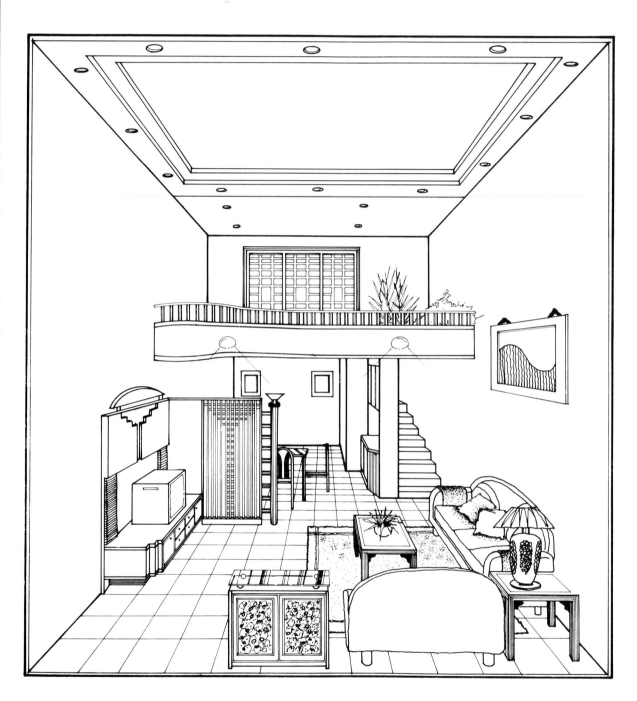

客廳透視圖

第六章
細部與圖例

6-1 入口立面、門窗、門扇

6-2 地坪、踢腳板

6-3 壁面、隔間、端景

6-4 平頂、照明形式

6-5 高矮橱櫃、櫃檯

6-6 床組、化粧檯、化粧鏡

6-7 拱門造形

6-8 傳統建築入口、門窗裝修

6-9 設計圖、透視圖

第六章 細部與圖例

在這一章裡，筆者參考各種書籍及從實作中，有系統的整理出各種細部及圖例，細部詳圖牽涉到細部構造、用材和工法等，也是施工的主要依據，就繪圖的角度而言，圖面必須精細正確，不可大意。同時可藉由這些圖例引發更多的設計構思。而圖例亦能很迅速的提供設計者多樣的比較和參考。

本章所收集的圖例主要包括：入口立面、門扇、地坪、踢腳板、壁面、平頂、櫥、櫃、床組、化粧台、化粧鏡、拱門造形等圖例。

地坪

地坪材料的選擇主要依據空間機能而定，室內地坪可簡單分為剛性地坪和彈性地坪。

剛性地坪：磁磚類、人造石材、天然石材、水泥砂漿粉刷地坪、磨石子、紅磚、預鑄磨石子板等。

彈性地坪：地毯類、PVC 地磚類、榻榻米、實木類、合板類、人工草皮、PU地坪、電腦地坪、軟木等。

室外地坪：磁磚類、紅磚、石材、磨石子、洗石子、水泥砂漿粉刷地坪、卵石、瀝青、草皮、沙、泥土等。

踢腳板

室內踢腳板，依其機能特性應作為地坪與壁面的收邊材料，依其機能特性應考慮其便於整理清潔、防塵、防濕、防腐等，常見的材料有實木類合板、磨石子水泥粉刷、石材、塑膠成品類等。

壁面與隔間

最常見的壁面與隔間構造有RC、紅磚、木作、輕鋼架隔間、玻璃磚、玻璃等，而常見的壁面材料及飾材有水泥粉光、油漆、壁紙、壁布、壁毯、塑膠皮類、金屬板、美耐板、塑合板類、磁磚、石材、石膏、實木、貼木皮、鏡面等。

平頂（天花）

天花平頂常見的構造有RC、水泥粉刷、木作、輕鋼架石膏礦纖板、輕鋼架金屬板等，木作最常見的表面飾材有油漆、壁紙、壁布、鏡面、木皮及各類裝飾板類。

櫥櫃

櫥櫃設計重點和主要考慮因素有：
⑴機能決定－使用狀況、尺寸大小、幾何分割、抽屜、透空性等。
⑵踢腳板設計
⑶門扇處理：推拉方式、把手選擇或設計、收邊、實木嵌板、表面飾材、門片分割造形。
⑷勾縫、線板應用。
⑸上眉板設計

床組

床組包括
⑴床頭壁面造形
⑵床座
⑶床頭板（櫃）
⑷床邊櫃
⑸床尾儿

化粧鏡

化粧鏡設計重點：
⑴邊框處理
⑵嵌入造形
⑶明鏡噴砂磨邊處理
⑷配合整體造形處理

6—1 入口立面、門窗、門扇

門窗細部

立面圖　S:1:40

立面圖　S:1:40

剖面圖　S:1:6

剖面圖　S:1:6

平面圖　S:1:6

平面圖　S:1:6

入口立面圖例

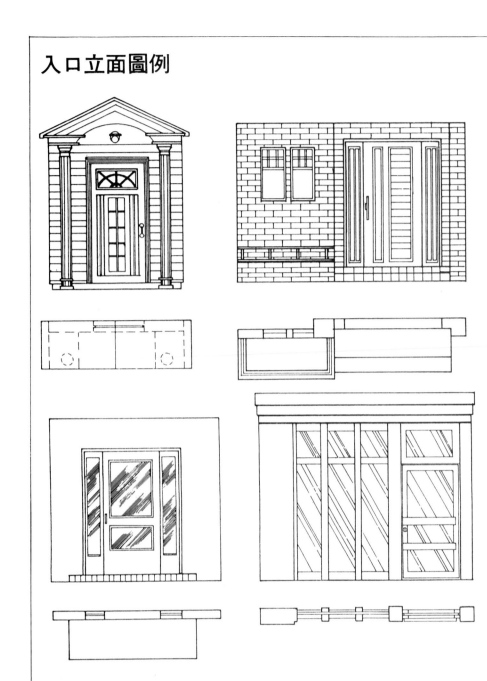

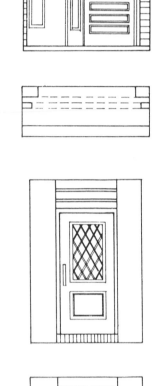

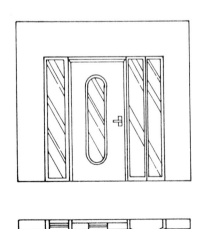

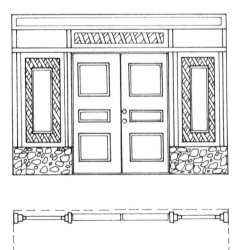

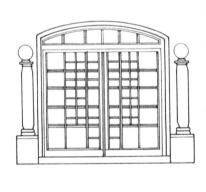

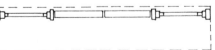

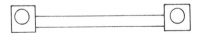

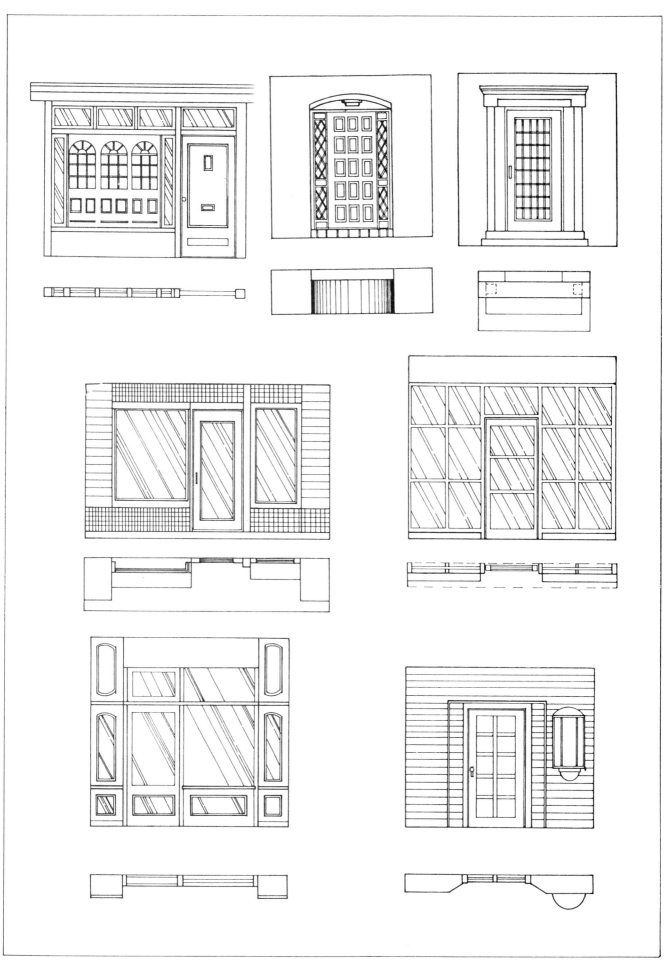

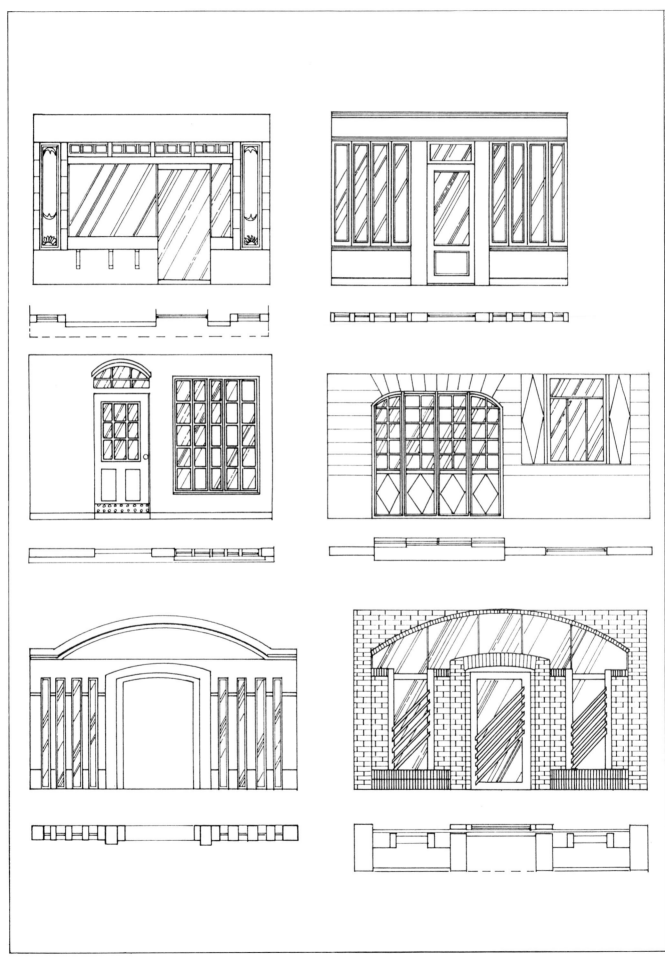

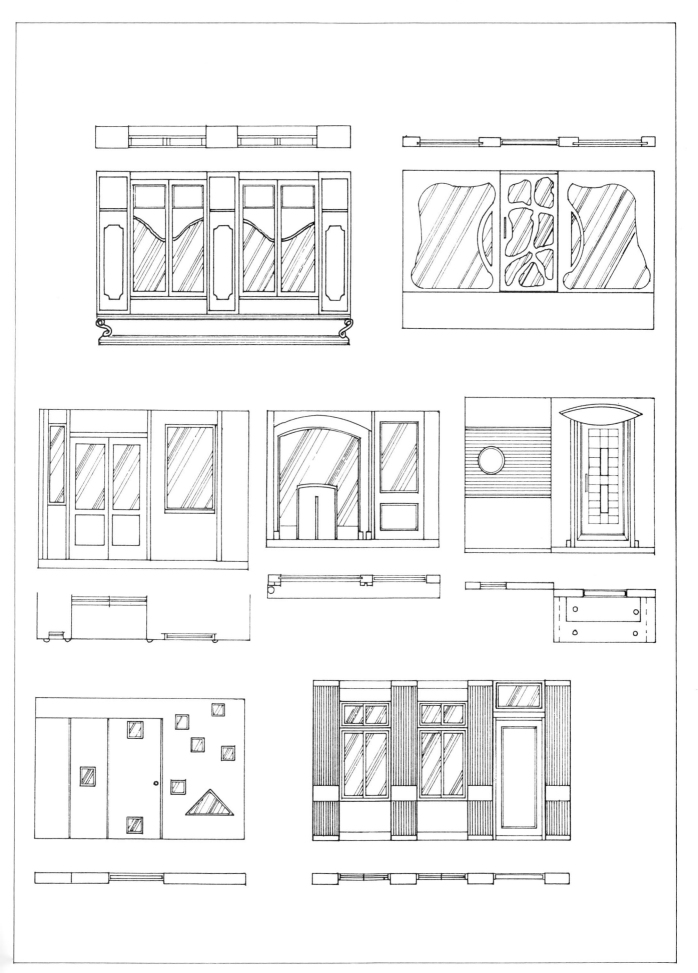

門扇

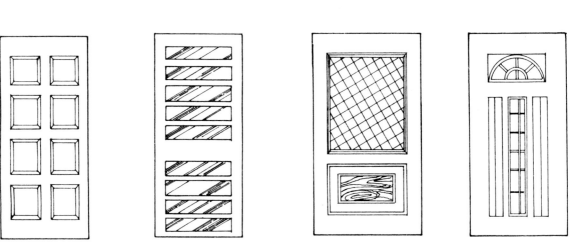

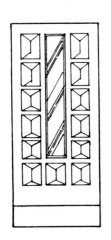
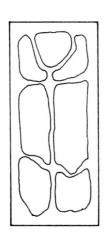
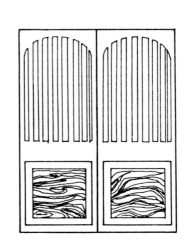
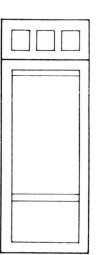

精緻手繪POP叢書目錄

手繪POP的理論與實務　精緻手繪 POP 叢書①
劉中興・傅伯年 編著
● 探討POP的市場價值及廣告效用的最佳範例　　　● 定價400元

精緻手繪POP　精緻手繪 POP 叢書②
簡 仁 吉　編著
● 製作POP的最佳參考，提供精緻的海報製作範例　　● 定價400元

精緻手繪POP字體　精緻手繪 POP 叢書③
簡 仁 吉　編著
● 最佳POP字體的工具書，讓您的POP字體呈多樣化　　● 定價400元

精緻手繪POP海報　精緻手繪 POP 叢書④
簡 仁 吉　　編著
● 實例薙範多種技巧的校園海報及商業海報　　　● 定價400元

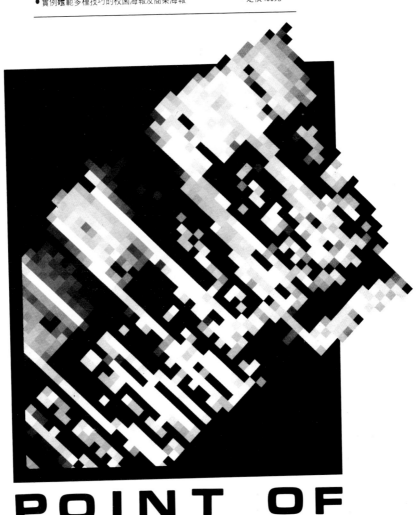

POINT OF
PURCHASE

室內設計製圖實務

定價：450元

出 版 者：新形象出版事業有限公司
負 責 人：陳偉賢
地　　址：235新北市中和區中和路322號8樓之1
電　　話：(02)2920-7133　　(02)2921-9004
F A X：(02)2922-5640

編 著 者：彭維冠
發 行 人：顏義勇
總 策 劃：陳偉昭
美術設計：金鼎設計研究室
美術企劃：湛秀琴、高琬琪、劉炳倫
美術繪圖：吳文福、賴金女、黃秋蓉

總 代 理：北星文化事業有限公司
地　　址：234新北市永和區中正路456號B1樓
電　　話：(02)2922-9000
F A X：(02)2922-9041
網　　址：www.nsbooks.com.tw
郵　　撥：50042987北星文化事業有限公司帳戶
印 刷 所：弘盛彩色印刷股份有限公司

行政院新聞局出版事業登記證／局版台業字第3928號
經濟部公司執照／76建三辛字第214743號

國立中央圖書館出版品預行編目資料

室內設計製圖實務／彭維冠編著.--第一版.
　--［新北市］中和區：新形象，民82印刷
　　　面：　　公分
　　　ISBN 957-8548-32-X（平裝）

　　1. 室內裝飾

967　　　　　　　　　　　　　　82003753

西元2012年1月　第一版第三刷
ISBN　957-8548-32-X